Die Zeit als Fundament der Biologie

von Hans Fritsch

Teil 1: Leben

(Teil 2: Materie)

Die Betrachtung der Welt führt zum Erkennen von Strukturen, Energien und Grenzen. Was ist jenseits dessen?

Ich hoffe, dass die Leser nicht zu wissen glauben, und skeptisch bleiben. Ich hoffe auch, dass sie Skepsis nicht mit Misstrauen verwechseln.

Vor uns liegt das Wunder der Welt.

Der Herausgeber

Inhalt

Vorwort des Herausgebers

Wer sich etwas mehr mit dem Thema *Zeit* beschäftigt hat, der kann bereits wegen so einer harmlosen Alltagsbemerkung wie „Gib mir doch noch etwas Zeit", in eine philosophische Parallelwelt hineinkatapultiert werden. Er mag dann – so gut ansprechbar wie ein akut medizinischer Notfall – durch seltsam abstrakte Bereiche driften, in die ihm nur die wenigsten folgen können oder auch nur wollten. Allerdings gibt es da Ausnahmen. Diesen unerschrockenen Pionieren ist dieses Buch gewidmet.

Haben wir Zeit, oder hat die Zeit uns? Taktet die Zeit den Quarz oder bestimmen Quarz, Sonne und die anderen Taktgeber dieser Welt unsere Zeit? Was rhythmisiert und synchronisiert das biologische Wachstum in seinen evolutionären Gezeiten? Solche Gezeiten schreiben unseren Lebensplan ins Dasein hinein und tragen uns wie auf den Wellen eines Flusses auf unserer Reise vom Ursprung hin zu unserer unbekannten Bestimmung.

Initialisiert ein höherer, ja, sagen wir ruhig mal göttlicher Sinn, diese komplexe Unwahrscheinlichkeitssymphonie, die von Heisenberg'scher Unschärfe, von Gödel'scher Unbestimmbarkeit und von lauter wundersamen Lebensformen geprägt ist? Oder taucht der Sinn nur kurzzeitig und zufällig in den kleinen Nischen eines völlig unorganisierten Chaos auf – als eine Laune von Niemandem für Nichts – und trotzdem getaktet, getimed und synchronisiert?

Dabei fällt auf, dass Zeit gar nicht vergeht, wie man immer sagt. Sie ist ja jederzeit da. Stattdessen findet alles andere in der unvergänglichen Zeit sein Ende. Diese seltsame Zeit taucht eben nur in Zusammenhang mit Vergänglichem auf, ohne dass sie davor oder daneben oder danach wirklich weg wäre. Sie ist abseits von Vergänglichem nur völlig irrelevant. Und gibt es dort – in diesem Abseits - Sekunden, Minuten oder Stunden? Gibt es so etwas wie einen Tag ohne eine Sonne und Erde?

Wenn es unrelevante Zeit gibt, was ist dann relevante Zeit? Gibt es eine Verschränkung von Zeit und Sinn? Braucht der Sinn vielleicht die Zeit, um überhaupt Sinn machen zu können?

Im Thema der Bestimmung fügt sich ein rechter Moment an den anderen. Doch wohin führt uns das? Der Autor lädt uns ein, ihm dorthin zu folgen, wo es noch keine ausgetretenen Wege gibt. Manches erscheint nicht komplett unbekannt, aber auch nicht vertraut, nicht wirklich wissenschaftlich, nicht wirklich philosophisch, nicht wirklich religiös und auch nicht laienhaft. Zwischen den Zeilen versteht man, dass der Forscher hier – mitten drinnen in der Forschung – sogar zum Teil der Forschung wurde. Kann es denn ohne einen ausreichenden betrachtenden Abstand überhaupt eine sinnvolle Erkenntnis geben? Wenn ja, dann ist sie wohl eher mystisch als wissenschaftlich, eher ontisch als epistemisch zu nennen.

Doch wenn wir das sehen, dann merken wir auch, dass diese Schritte durchaus zu einer Reise zu uns selbst werden könnten und wer die Einladung annimmt, der wird merken: Weder gibt es so einen Streifzug für umsonst, noch bleibt er ohne Folgen.

Also – verabschiedet euch schon mal von euren Lieben, schließt eine sehr gute Reiseversicherung ab, packt den Expeditionsrucksack mit ausreichend Kopfschmerzmittel, Chips, Earl Gray Tee[1] und sonstiger Nervennahrung - und los geht es.

Alles in eckigen Klammern sowie sämtliche Fußzeilen sind Versuche des Herausgebers, die Verständlichkeit des Textes zu erhöhen. Sie müssen jedoch nicht die Meinung des Autors in Gänze widerspiegeln.

---

[1] Der Lieblingstee des Autors. In dem aromatischen Duft von Bergamotte und Schwarztee breitet sich das Fluidum der Erkenntnis aus – jenseits von Zeit und Raum ist die Spur der stets unerreichbaren Wahrheit zu erschnuppern …

1.) Was ist das Leben?

Denn der Einzige, der diese Frage mit einem Wort beantwortete, sagte: *Ich*. Es war Jesus mit seinem Wort:

"Ich bin der Weg und die Wahrheit und das Leben. (Joh. 14/6)

Vielleicht ist diese Frage auch falsch gestellt und sollte besser lauten: Wer ist das Leben? Und dann hätten wir jetzt schon eine Antwort.

Doch wir meinen hier mit unserer Frage nicht das geistige, sondern das naturgeschichtliche Leben, das Wesende der Lebewesen, welches die Wissenschaft Bios nennt. Die Frage lautet also genauer formuliert: Was ist das biologische Leben?

Das naturgeschichtliche Leben ist das Zeit-Wesen zwischen Ursprung und Ziel jeder Geschichte; der Bios ist die Terminierung zwischen Origo und Telos in jeglicher Genese.

Nun – das sieht beinahe wie eine Definition des Lebens aus. Doch wie sich zeigen wird, ist das Leben weder etwas De-*fin*-itives noch etwas *de finitionem:* Etwas vom Ende her allein Fassbares. Es ist durch seine Terminierung nur scheinbar etwas Endgültiges. Doch es ist immerhin durch die Stimme des Wortes etwas seiner Bestimmung nach Ausgesprochenes und sonach Aussprechbares und Bestimmtes.

Mit der Betrachtung des Lebens als Zeit-Wesen zwischen Ursprung und Ziel einer Geschichte sollte also lediglich eine Ansatz getestet werden, wie das Leben seinem Charakter nach fassbar und bestimmbar wird:

1. *Zeit* – ist in erster Linie Zeit-Wesen.[2]

2. *Ursprung* – jenes Prinzip, das in den Lebenskeimen waltet und

---

[2] Das Wesende ist das sich Gestaltende. Im Modell der Quanten-Matrix, dass aus diesen Arbeiten hervorging und das im Buch Tanz der Quanten beschrieben ist, basiert die Kategorie Zeit auf dem Prinzip der Bewegtheit. Ohne Bewegtheit keine konkrete Bewegung, keine innere Regung, keine Schwingung und auch keine Gestaltung. Somit wäre sowohl das Leben inexistent als auch die Zeit irrelevant. Mehr zu diesem Modell in diesem PDF: https://t1p.de/84q9

eigentlich ewig ist.

3. *Geschichte* – das Schichtengefüge einer mehrstufigen Entwicklung in *Aszendenz und Deszendenz* [Aufstieg und Niedergang].

4. *Ziel* – der Telos des Lebens – und die so merkwürdigen Teleologie bzw. *Zielansteuerung*.

Anscheinend also eine ganz einfache, leichtverständliche Antwort aus 12 Worten. Aber schon wenn man die vier Hauptbegriffe – Zeit, Ursprung, Geschichte und Ziel – näher untersucht, erheben sich weitere Fragen. Das Thema ist anregend, weil die Rätsel rund um die Zeit bis heute noch nicht ausreichend gelöst erscheinen; und die Beschäftigung damit ist aufregend bis zur Erschöpfung, auch weil sich etablierte Wissenschaften natürlich schwer mit einer Antwort auf diese Fragen tun werden. Das hat einleuchtende Gründe, die nebenbei zur Sprache kommen werden. Doch worauf es mir vor allem ankommt, ist ein Versuch, dem gesunden Menschenverstand zu zeigen, dass sich in der Tat das Leben mit diesen Worten grundsätzlich verstehen lässt, und zwar mit einer Stringenz, die keineswegs geringer ist als in der Disziplin der reinen Kausalwissenschaften. Darüber hinaus soll Klarheit geschaffen werden, welche Erfahrungswerte und welche Gefahren eine Fundamentalbiologie sich birgt. – Über die besonderen Erfahrungswerte wird sich in absehbarer Zeit ja doch nicht mehr alles verschweigen lassen; umso Verhängnisvoller ist es, sich über die Risiken Illusionen zu machen. Man wird meine Warnung wohl überhören – ich mache mir da keine Illusionen, erfülle jedoch meine Pflicht, indem ich sie ausspreche, so wie ich sage, was ich zu sagen habe.

2.) Was ist Zeit?

Wer es weiß, denkt unwillkürlich an die bekannte Scherzfrage: Was ist das: Es hängt an der Wand, macht Tick-Tack und wenn es runterfällt, ist die Uhr kaputt?

Auch in dieser Frage: *Was ist Zeit?* – wird die Antwort bereits durch das Zeitwort „ist" verraten. Und damit kann man sich alles weitere von den drei Haupt-Zeit-Worten der deutschen Sprache klar und deutlich sagen lassen, welche lauten:

haben – sein – werden

Zeit ist jenes Geschehen, welches die Lebewesen zeitlebens vor die Alternative stellt, die der Indikativ dieser drei Worte indiziert, indem er die Alteration anzeigt, welche Haben-Sein-Werden im Kreislauf des Geschehens auf die Dauer haben werden – in aller Wandlung. Das klingt ein wenig kompliziert, löst sich aber bei der Betrachtung eines einfachen Zifferblatt einer Uhr leicht und anschaulich auf.

Man kann sich in jedem Punkt der Kreislinie den Augenblick der Gegenwart vorstellen und demgemäß die Richtung des Geschehens als seine eigene Geschichte. Tut man das, so läuft die Zeit im Gegensinn – also im Sinne des Uhrzeigers. Das ist im Prinzip eigentlich schon alles.

Es ist leicht einzusehen, dass die Zeit im Gegensinne des Lehens läuft. Denn wo immer wir uns eines Augenblicks lebendiger Gegenwart bewusst werden, wissen wir, dass unsere Entwicklung von Herkunft über die Gegenwart immer auf jene

Abb. 1: Zeitlauf und Lebenslauf sind gegengesetzt.

Hinkunft als Zukunft hinausläuft, welche auch einmal Gegenwart und hernach Vergangenheit geworden sein wird. Weniger leicht ist es einzusehen, dass dieser Gegensinn des Zeitlaufes zum Lebenslauf der einzige Sinn überhaupt ist, den wir dem Lauf der Zeit abgewinnen können [Es braucht diese beiden komplementären Elemente füreinander].

Das soll nicht heißen, dass die Zeit ansonsten gar keinen Sinn habe; denn wir können sie in Hinblick auf Sinnverhältnis zu Zahl und Raum in einer Weise betrachten, die uns andere tiefe Sinnzusammenhänge auftut. Aber als Zeitlauf ist für uns nur jener Gegensinn zur geschichtlichen Sinnrichtung unseres Lebenslaufes real. Unter jedem anderen Aspekt ist die Zeit entweder ideal oder irreal.

Wir müssen dies nicht einsehen; nur begreifen wir dann eben von der Zeit nichts weiter als jenen einen monophasischen Aspekt des Chronos, in welchem sich immer nur das determinierte Geschehen in seiner Chronologie zusammenfügt. Chronos ist die der Zeit eigene Sinnrichtung, in der wir sie sozusagen in ihrer Eigenströmung betrachten und tun, als ob alle Dinge entweder Dauer hätten oder von diesem Zeitstrom eine Wandlung erführen.

Verlegen wir aber das Gesetz lebendiger Wandlung in die Dinge – und dies tun wir im gleichen Augenblick, da wir sie als *Lebewesen* ansprechen – so verstehen wir die Zeit auch schon unter dem Aspekt ihrer geschichtlichen Entwicklung und damit als terminierte Gezeitenfolge biologischer Ereignisse. Hier haben wir es dann mit natürlichen bzw. genetischen Terminen des Lebens zu tun – mit Entwicklungs*phasen* und Lebens*perioden,* die sich grundsätzlich immer nach dem Prinzip des Kreislaufs abspielen. Mit anderen Worten: Es handelt sich hier um einen Kairos-Bezug und dessen jederzeit *terminiertes* Geschehen und damit um eine Terminologie von Lebensgezeiten oder Biorhythmen. Jede *Determination* ist nur im Sinne eines Chronos denkbar; also dort, wo es sich um Zeit im Sinne reiner Kausalität handelt und dies ist nur im Zeit-Raum der Materie gegeben. Hier lässt sich Zeit *de-terminieren* und das heißt eben: Sie abgesehen von Terminen gleichsam als selbständigen, unabhängigen und kontinuierlichen Zeit-Strom betrachten und registrieren.

Im Leben handelt es sich aber durchwegs um Terminierungen im Sinne eines Kairos-Bezugs, sodass eine andere Betrachtung der Zeit biologisch keinen Sinn ergibt. Hier ist eben das Terminierende und Terminologische, das Gesetz der befristeten Gezeiten, denn im Reich des Lebens ein Jegliches überhaupt nur Sinn gewinnt zu seiner Zeit.

Im Bereiche der toten Materie sind hingegen sind die Determinierungen von entscheidender Bedeutung. Das Charakteristische ist hier jene Kausalität, vermöge welcher etwas aus der gleichen Ursache die gleiche Wirkung hat – zu jeder Zeit. *Kausalität* ist ein Naturgesetz, das mit absoluter Sicherheit in seiner determinierten Ursächlichkeit nachgewiesen ist.[3]

Original gesehen – und dies heißt eben soviel wie biologisch betrachtet – ist ein *Naturgesetz* allerdings etwas, das einmal mit voller Sicherheit in seinen Terminen genetisch bis zum Ursprung zurück nachgewiesen ist. – Mit *Ursprung und Geschichte* habe ich hier das Lebensgesetz genau so sicher und exakt erfasst, wie mit *Ursache und Wirkung* etwa irgend einen chemo-physikalischen Prozess. Allerdings muss ich mir vor Augen halten, dass ich unter dem Begriff *Ursache* ebenso wenig einen Gegenstand zu verstehen habe, wie unter *Ursprung* etwa ein Samenkorn. In beiden Fällen habe ich es immer mit einer ganzen Konstellation von Bedingungen oder Tatbeständen zu tun; doch der entscheidende Unterschied zwischen jenen beiden Begriffen liegt darin, ob ich die Zeit im Sinne eines determinierten Chronos oder im Sinne eines terminologischen Kairos betrachte. Für die Kausalwissenschaften ist nur das eine, für die Originalwissenschaften das andere die richtige Betrachtungsweise. Und das ist es, was man sich bewusst machen muss, bevor man an die Probleme irgendeiner Wissenschaft herangeht. – Eine wirkliche Originalwissenschaft gibt es bis heute nur deshalb nicht, weil man die kausalen Methoden in Physik und Chemie sicherlich sehr erfolgreichen anwenden konnte und sie deshalb auch in der Biologie, den Kunstwissenschaften oder der Sprachforschung angewendet hat und sich nicht ehrlich eingestehen wollte, dass sie hier nicht ausreichen können.

---

[3] Im Buch „Tanz der Quanten" bezeichne ich das Wechselspiel von zwei Arten von Einflüssen; kausale und phänomenale. Das Leben gehört zu den Erscheinungen der phänomenalen Einflüsse [Macht-Einflüsse des Geistes]. Diese hat eine eigene Kairos-Zeit zur Grundlage, als die kausalen Einflüsse [Kraft-Einflüsse der Struktur] wie das hier der Autor in anderen Worten feststellt. Phänomenalität und Kausalität werden immer zusammenspielen müssen und damit zwei Zeitelemente sichtbar werden lasse. Im Modell der im „Tanz der Quanten" beschriebenen Quanten-Matrix werden die beiden Einflusssphären sichtbar. Das macht diesen Text so interessant. Anmerkung des Herausgebers

3.) Satz und Gegen-Satz

Das Zeitausleben bildet einen Gegensatz, in dem die Zeit ihren Sinn als Gegensinn des Lebens findet. Mit anderen Worten: Ein Leben, das sich sinnvoll mit einer Lebensgeschichte entfalten möchte, hätte gar keinen Sinn ohne den Gegensinn der Zeit. Wollen wir einen *Sinn des Lebens* finden, so müssen wir ihn also über den *Gegensinn der Zeit* suchen.[4] Die Gegensinnigkeit von Zeit- und Lebenslauf führt uns aber immer zu einer irgendwie begrenzten Terminierung aller Zeit, deren Ausdruck die Gezeiten sind.

Damit erleben wir einen zweiten Gegensatz im Wesen der Zeit: Sofern wir Zeit überhaupt erleben, erleben wir sie in der Form von Terminen; doch gerade diese durchgängige Terminiertheit alles Zeitlichen führt zur notwendigen Annahme eines Ewigen.

Denn auch unser lebendiges Denken vollzieht sich in Satz und Gegensatz. Jede These bringt unabwendbarer Weise ihre Antithese mit sich. Jeder Sinn hat seinen Gegensinn, der gerne auch Unsinn sein kann. Doch zum Unsinn besteht keine stringente Notwendigkeit: er ist gleichsam die freie Erfindung des Menschen, der sich jede Gegenwärtigkeit zur Widerwärtigkeit machen kann – und so auch jeden Gegensinn zum Widersinn.

Abb. 2: Günther Enderlein

Die Ewigkeit des Lebens gehört jedoch nicht dieser Kategorie der menschlichen Freiheit an, sondern ist eine stringente notwendige Annahme und gilt darüber hinaus bereits als naturwissenschaftliche Erfahrungs-Tatsache. Sie ist durch die Entdeckung der Systatogenese durch Enderlein (1954) so weit gesichert worden, dass sie ein Naturgesetz gleichen Ranges wie die Unzerstörbarkeit von Materie und Energie ist.

Es gibt freilich Gründe, aus denen nicht darüber gesprochen wird; diese sind

---

[4] Oder wie es jemand anders ausdrückte: Man kann schlecht mit einer Hand klatschen. Den Auswirkungen von Einwirkungen liegt eine grundlegende und mehrschichtige Komplementarität zu Grunde, wie sie in dem Modell der Quanten-Matrix dann auch sichtbar geworden ist, das auf den Arbeiten des Autors aufbaut. Anmerkung des Herausgebers

psychologischer Art und fallen daher in jenen Spielraum von Freiheit und Befangenheit des Menschen, in dem er sich vor Befangenheit, suggestiven Einflüssen, Ideologien und Wahn hüten sollte. Es steht einem leider nicht immer frei, die Wahrheit zu erfassen, auch wenn gerade das eine der sichersten Überzeugungen ist, denen sich der Mensch hingibt.

Die Ewigkeit von Leben ist wiederum derjenige Sinn, dessen Gegensinn die Dauer der Zeit darstellt. Beide begegnen sich auf dem Spielfeld der konkreten Gegenständigkeit, die wir als Materie erfahren.

Für die Lebewesen und ihre Gezeiten gibt es wohl nur die Zeitenwandlung der Termine; doch für das Wesen des Lebens ist die *Ewigkeit* ebenso sicher wie für das Sein der Zeit die *Dauer*. Keines ist überhaupt nur anders denkbar. Und das Eine ist hier nur denkbar durch das Andere. [Komplementarität.]

An dieser Gegenüberstellung wird klar, dass der Begriff *Ewigkeit* nur einen Sinn als Prädikat des Lebens hat, als Gegensinn zu einer zeitlichen Dauer. Diese Erkenntnis hat natürlich sehr tiefgreifende und bedeutungsvolle Konsequenzen, sofern man sie zu ziehen vermag. Sie liegen vor allem auf dem Gebiet der Ontologie und vermitteln Einsichten in die Natur von Ursprung, Lebensaugenblick und Lebensziel.

4.) Der Ursprung

Mit seinem Ursprung hat das Leben – Satz und Gegensatz, gesagt und getan. Wer das für ein Wortspiel hält, weiß nichts vom Ernst des Wortes und vom Geist der Sprache. Er höre doch nur einmal hin, was das Wort Ursprung ihm zu sagen hat.

Unter *Ursprung* meint die Sprache das erste Entspringen eines Lebenskeims als dem ewigen Wesen des Lebens in das terminierte Zeitleben. Wenn es sich bei einem Sprung immer um etwas Plötzliches, Diskontinuierliches handelte, dann wird jene Lebensbasis, von welcher aus dieser Sprung ins Dasein erfolgt, etwas Kontinuierliches und Homogenes sein; es ist eben jenes ewige Leben, das auch unter dem Bilde eines Gleichbleibenden und zeitlich Fortdauernden gedacht wird.

Es wäre sicherlich absurd zu meinen, dass in einem solchermaßen Fortwährenden irgendeinmal – vor Jahrmillionen – ein einziger solcher Sprung stattgefunden habe und seither das Leben eben da sei. – Das Wort *Ursprung* meint nicht, dass jener Sprung *uralt* sei; es bedeutet einen grundsätzlich ersten Sprung und will sagen, dass dieser *original* ist. [und originell] – Jedes Lebewesen ist original und daher hat jedes Lebewesen am Anfang seinen eigenen Ursprung. Der Ursprung ist daher der zeitliche Beginn einer jeden Lebensgeschichte, die für ein jedes Lebewesen original und einmalig neu angefangen und dann weitergesponnen wird.

Aber wir würden das Wort Ursprung auch falsch verstehen, wenn wir es nur als den Beginn einer Lebensgeschichte auffassen wollten. Es ist ja auch jeder einzelne Lebensaugenblick einmalig neu, original, ursprünglich. Keiner wiederholt sich jemals; jeder ist Ursprung, in gleichem Sinne wie der erste. Entspringen wir denn in jedem Lebensaugenblick Gegenwart immer wieder aufs Neue? – Wie schwer müsste eine solche These theoretisch fassbar und zu halten sein![5]

Und dennoch ist es so, und zwar mit der Stringenz der Notwendigkeit! Unsere

---

[5] Genau das zu fassen, bzw. sich dafür zu öffnen, wird mit der Geistesschulung von Advaita versucht. Man versucht dabei, den Moment nicht aus der Vergangenheit zu sehen, einzuordnen und zu bewerten, sondern die Gegenwart ursprünglich zu erleben – was durchaus nicht einfach ist. Wem es gelingt, dem mag Erleuchtung versprochen sein. Anmerkung des Herausgebers.

Kontinuität als Individuum – jene gestalttragende Einheitlichkeit des Ganzen, das ein jedes Lebewesen bis zu einem gewissen Grad repräsentiert – erfordert nach dem Prinzip von Satz und Gegensatz das Gleichzeitige und damit jene Sprunghaftigkeit, welche auch die Physiker in den sogenannten Quantensprüngen entdeckt haben. Darauf hat Günter Enderlein die Quantenbiologie begründet und die Sprunghaftigkeit in den Primitivphasen des Lebens bis zu seinen Grundbausteinen nachgewiesen – den sogenannten Protiten und Chondriten, welche die Größe von Eiweißmolekülen haben. Die ganze somatische Struktur der Lebewesen ist – ebenso wie ihr Charakter – von jener Ursprunghaftigkeit und Ursprünglichkeit gezeichnet, ebenso sehr, wie von einer biologischen Individualität.

Nun ist aber die Gleichzeitigkeit von Ursprung und Genese in jedem Lebensaugenblick ein Widerspruch logischer Art, der sich nur auf eine einzige Weise lösen lässt: Auf dem Wege der Anerkennung einer Idealität der Zeit, wie das Kant und Schopenhauer angedacht hatten.

Auch wenn nun die *Idealität der Zeit* anerkannt ist, so muss ihr doch eine greifbare *Realität von Zeit* gegenüberstehen, wenn es sich bei der Zeit um eine Lebenswirklichkeit handeln soll.

5.) Idealität und Realität der Zeit

Die Lehre von der Idealität der Zeit besagt, dass dasjenige, was wir als Zeitausdehnung erleben, ein reines Erlebnisphänomen sei, welches über die Sinnesorgane dem Bewusstsein und seinem Zeitsinn mitgeteilt werde. Ob es hingegen an den Dingen der Welt und im Weltganzen selbst eine Zeit gäbe, sei so nicht erkennbar; denn das Erkenntnisvermögen habe ja bloß die Möglichkeit, an alles eben vermöge der Zeitwahrnehmung heranzukommen. Zeit sei ein Werkzeug der Erkenntnisfähigkeit für Termine[6], vergleichbar mit dem Auge für optische Reize und dem Ohr für akustische Einflüsse.

Nach der hier gegebenen kurzen Andeutung müsste ein naiver Leser meinen, eine solche Idee sei eine seltsame Theorie und von vornherein unhaltbar. Das stimmt jedoch nicht. Bei noch so hochgetriebener und verfeinerter Wissenschaftlichkeit - sobald es unsere Sinne mit der Außenwelt zu tun haben, ist eben nirgends ein Widerspruch zu erkennen. Die Idealität der Zeit soll ja eine Erkenntnismethode sein; daher ist überall Zeit, wo das Bewusstsein eine erkennende Aufmerksamkeit hinwendet.

Es gibt Naturphänomene – Instinkt, Telepathie, Teleologie etc. – welche beweisen, dass die Art der Zeitauffassung, wie sie der Erkenntnisfähigkeit des Menschen zu eigen ist, nicht notwendiger Weise die einzig ist. Und die Art, nach welcher das Leben seine Wesen plant und baut, ist allein schon Beweis dafür, dass dem Menschen nicht nur im Spektrum der Zeitwahrnehmung vieles fehlt, was andere Lebewesen haben, Es gehen ihm mindestens ein oder zwei ganze Dimensionen ab und sein Zugang zur Welt wäre einfach grundsätzlich verändert, wenn es Beschränktheit nicht mehr gäbe.[7]

---

[6] In der Quanten-Matrix stellt sich Zeit als „Maßaspekt" dar, mittels dem der Geist auf Bewegung zugreift und diese wahrnehmbar und einschätzbar macht. Anmerkung des Herausgebers

[7] Das erinnert an den Text der Offenbarung: *Dann sah ich einen neuen Himmel und eine neue Erde; denn der erste Himmel und die erste Erde sind vergangen, auch das Meer ist nicht mehr. ..... Er wird alle Tränen von ihren Augen abwischen: Der Tod wird nicht mehr sein, keine Trauer, keine Klage, keine Mühsal. Denn was früher war, ist vergangen. Er, der auf dem Thron saß, sprach: Seht, ich*

Es gibt zweierlei Arten von Sichtweisen auf das Leben:

a)   Entweder ist das Leben jener Baumeister, der in die Jahrmillionen der Weltgeschichte nicht nur hineinsieht – so wie in die Schwangerschaftsmonate eines Lebewesens – sondern sie auch bis in kosmische Gegebenheiten wie Erdrotation und Schiefe der Ekliptik, Wasser- und Lufthaushalt etc. zu gestalten vermag.

b)   Oder das Leben ist jener unfähige Lehrling, der Schritt auf Tritt auf wundersamste Zufälle angewiesen ist, wie man sie kaum im Kindergarten erzählen dürfte.

Da die zweite Sichtweise mehr einer Missachtung des Lebens gleichkäme, haben Denker wie Kant und Schopenhauer auf dem Wege der Idealität der Zeit eine plausible Lösung für das Rätsel gesucht, wie das Leben seine Geschichten in jeder so vollkommen und termingerecht abgestimmten Weise entwickeln könne, dass die Lebenskreise einander trotz aller Fülle nicht stören, sondern einer genau in den anderen greift und sie alle einander ergänzen. – Es mag vielleicht nicht die beste Erklärung sein, die speziell erlebte Zeitausdehnung als Beschränktheit der Erkenntnisfähigkeit des Menschen zu sehen, genauso beschränkt, wie der Drang, das ewige Wesen des Lebens zu leugnen; aber es ist die momentan möglicherweise brauchbarste Erklärung, die wir haben.

Etwas anders wird die Sache, wenn der Verstand zur Besinnung kommt und erkennt, dass er ja selbst einem Lebewesen angehört, welches das ewige Wesen des Lebens in seinem eigenen Bewusstsein trägt, welches dieses ewige Wesen des Lebens selbst ist und wiederum auch daraus wird. In diesem Augenblick wird ihm auch jenes Sein bewusst werden, welches nicht mehr Idealität, sondern Realität der Zeit genannt werden muss.

Denn was sich im Bewusstsein abspielt, liegt nicht mehr im A-Real der Außenwelt [der weltwiderständigen Sphäre der Existenz] und auch nicht im Bereiche des Idealen oder gar im Irrealen [den abstrakten, der Welt zu Grunde liegenden Strukturen], sondern befindet sich im Real dies Lebens – in seinem realen [geistigen] Kern, nämlich im Willen zum Leben; also im Energiezentrum

---

mache alles neu ... Ich bin das Alpha und das Omega, der Anfang und das Ende. Off. 21. – Anmerkung des Herausgebers

der Lebenskraft bzw. der Vitalität.

Die Konsequenzen dieser Tatsache hat Schopenhauer beleuchtet. Hier im Zentrum des Bewusstseins – nämlich im Sein – tauchen die originalen Momente des Lebens auf. Hier stehen wir mit unserer Erkenntnisfähigkeit unserem Ursprung gegenüber und haben zugleich in ihm das Motiv der weiteren Genese und auch den Telos gegenwärtig. Hier stehen wir erkennend einerseits dem homogen, fließenden Element des genetischen Zeitauslebens und andererseits dem spontanen Ursprung gegenüber – und damit der paradoxen Gleichzeitigkeit beider.

Doch hier zeigt sich dann eben auch an dem Faktum der Terminierung, dass im Ursprung – und damit in aller Realität – der Zeitverlauf geplant wird und mit dem Lebensursprung gleichsam mitentspringt. Mit dem Ursprung und der Geschichte beginnen Zeit und Leben zugleich zu laufen und zum Zeitausleben oder zur *Genese* zu werden. Der Entwicklungskreislauf des Lebens zeigt sich als Zeitkreis.

Die einzige Frage, die noch übrig bleibt, könnte lauten: Wie ist dies nun: Macht das Leben die Zeit, oder macht die Zeit das Leben? – Bzw. macht der Ursprung beides: Zeitausleben?

Wenn wir wie Schopenhauer den Standpunkt vertreten, dass der Wille das Primäre ist, dann haben wir es beim Zeitausleben mit einem Phänomen der Lebenskraft zu tun. Sie ist das Reale. Alles Ideale [Abstrakte] wäre dann sekundäre Natur.[8]

Das Zeitausleben zeigt sich als Vitalität – als der Wille zum Leben. Damit wäre die Zeit primär eine Erscheinung der [entspringenden, willensaktivierten und bestimmungsorientierten] Lebenskraft.

---

[8] Auf der nächsten Seite füge ich zur besseren Orientierung eine Modellskizze von *Real* und *Areal* ein, so wie der Autor sie modellhaft verortet. Es handelt sich um Hauptkategorien mit jeweils 4 Unterkategorien. Die einzelnen Bezeichnungen der Kategorien sind vom Herausgeber etwas angepasst worden. Anmerkung des Herausgebers

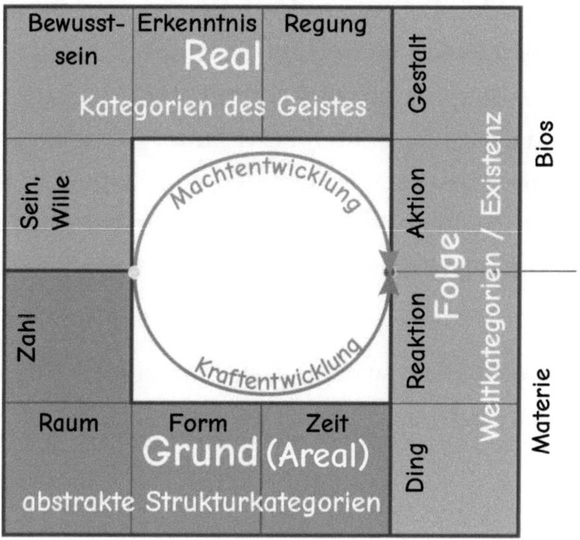

Abb. 3: Die Hauptkategorien Real, Grund und Folge stehen nach dem Autor in einem bestimmten Zusammenhang, der sich im Text andeutet. Im Modell der Quantenmatrix des Herausgebers sind sie gleichermaßen zu finden – hier zum besseren Verständnis aufgeführt – der Herausgeber

6) Das Gesetz des Kairos

Zeit ist der Gegensinn des Lebens. – Nehmen wir an, es gelänge uns, ein naturwissenschaftliches Modell eines Lebenskreises zu konstruieren, der uns eine prinzipielle Vorstellung für sämtliche mögliche Lebenskreisläufe gäbe, die wir nunmehr nach den Gesichtspunkten bestimmter Gesetzmäßigkeit darstellen könnten; – nehmen wir ferner an, wir zeichnen den Zeitlauf in diesem Kreis im Sinne des Uhrzeigers ein, so bliebe der umgedrehte Drehsinn für den Lebenslauf; wir würden also den Uhrzeigersinn zeitläufig und den anderen Sinn lebensläufig setzen.

Damit hätten wir also dasjenige, was die Griechen bereits einen Kairos – einen Zeitkreis genannt haben und was später in unserer Uhr eine Art Verwirklichung gefunden hat.

Wir stellen uns nun – der Einfachheit halber – eine solche Uhr mit nur einem Stundenzeiger vor. Halten wir wie üblich das Ziffernblatt – und damit die Uhr – fest, dann dreht sich der Zeiger zeitläufig. Halten wir dagegen den Zeiger fest und lassen die Uhr ansonsten los, dann würde sich das Zifferblatt lebensläufig drehen. In beiden Fällen ist die Bewegung zwischen Ziffernblatt und Zeiger die gleiche.

Bevor wir unser Zifferblatt genauer untersuchen, um aus der Zahleneinteilung Sinn und Gesetz der Lebenskreisläufe zu ermitteln, fragen wir uns einmal nach dem Gegensinn des Lebens: Gibt es eine Erklärung oder einen plausiblen Grund für diese seltsame Bewegung und Gegenbewegung mit den Begegnungen von Zeiger und Ziffern? Man muss hier wirklich von Sinn und Gegensinn reden.

Nun, wir haben grundsätzlich noch vier Spielräume für Veränderung:

- a) wir montieren den Zeiger ab
- b) wir montieren das Zifferblatt ab
- c) wir montieren die Unruhe ab – stark beschleunigter Ablauf
- d) wir verlangsamen den Ablauf

Ins Zeitausleben übersetzt würde das bedeuten:

a) es gibt für uns keine Zeitbewegung mehr
b) es gibt nur noch Zeitbewegung aber sie hat keine Beziehung zum Leben
     – bzw. ist diese nicht mehr ersichtlich;
c) das Zeitausleben läuft im Zeitraffer-Tempo ab
d) das Zeitausleben läuft in Zeitlupe ab

Mit anderen Worten: Wir können uns alle diese Möglichkeiten zwar vorstellen, aber sie würden unser Dasein so einschneidend ändern, dass wir für jede in der Tat einen neuen und irgendwie anders gearteten Intellekt benötigen würden, um unser Dasein bewältigen zu können.

Das Beispiel lehrt, welch hervorragendes Gleichnis des Zeitauslebens die Uhr ist. Sie zeigt in der Tat den Sinn der Zeit in jener, dem Erdenleben genau angepassten Form des 12-Stunden-Sonnentages; und mit dem Tageslauf der Sonne eben auch das Gestirn, das sowohl die himmlische Grundvoraussetzung als auch die Erklärung allen Erdenlebens ist.

Die Zeit als Gegensinn[9] des Lebens ist somit jene Begegnung, welche dem Leben seinen Sinn anzeigt, soweit dieser auf eine bestimmte Situation beschränkt ist.

Logisch denkbar wären auch andere Möglichkeiten: Etwa ein vollkommener Intellekt, der mit der Situationsbeschränktheit auch den Zeitlauf beschleunigen oder gar aufheben könnte; und insofern besteht für die Zeit auch nur eine relative Notwendigkeit. Und eben damit, hängt auch die von Einstein nachgewiesene Relativität der Zeit zusammen.

Streng genommen besteht nur diese Relativität der Zeit und keine Relativität des Raumes.   .

---

[9] Interessanter Weise spricht man bei drehenden Teilen ja von einem Drehsinn, der ein linker oder rechter sein kann. Doch natürlich braucht ein jede Bewegung einen Kontrast, vor dem sie wahrgenommen werden kann, wie das z.B. beim Ziffernblatt und Zeiger der Fall ist – solange sie sich nicht beide gleich drehen. Die wahre Bewegung – außerhalb jedes Bezugssystems – wird man durch die Relativität sowieso nicht kennen lernen und über die Relationalität, welche Einstein vergaß, habe ich im Buch „Tanz der Quanten" geschrieben. Anmerkung des Herausgebers

Die ganze Schwierigkeit des Zeit-Problems bestand eigentlich nur so lange, als niemand auf den einfachen Gedanken gekommen war, den Zeitlauf mit seiner Gegensinnigkeit zum Lebenslauf als die entscheidende und fundamentale Gegebenheit dafür zu betrachten. Denn eine vom Leben unabhängige Zeit bleibt im Grunde unsinnig und unfassbar. Es gibt nur noch einen anderen Weg, sie trotzdem zu fassen, nämlich über das Prinzip der Kraft in den Relationen der verschiedenen Energie-Vektoren. Da aber auch dieser Weg zu den Vektoren der Lebenskraft führt, muss das am Ende auf die gleiche Einsicht hinauslaufen.

Dies ist es ja auch, was Heisenberg mit seiner Unbestimmtheitsrelation auf eine gleichsam unbestimmte Weise dem Relativitätsprinzip Einsteins gegenübergestellt hat.

Mit anderen Worten: Das Zeit-Problem ist in seinem Grunde nur biologisch fassbar und zu einer Lösung fähig, niemals rein physikalisch. Die Kausalwissenschaften müssen hier notwendiger Weise versagen und daher bleibt die Lösung dieses Problems den Originalwissenschaften vorbehalten; wie etwa der Fundamentalbiologie.

Diese Einsicht liegt freilich in der Natur des Problems selbst, an die man den Menschenverstand bloß heranführen kann; die gegebenen Stringenzen muss er selbst fassen oder an der Unmöglichkeit erkennen, eine andere Einsicht zu entwickeln.

Unsere zweite Frage betrifft nun das Zifferblatt des Zeitkreises, das dem Zeiger gegenüber den Lebenskreis darstellt: Inwiefern lässt sich das 12-Stundenblatt der Uhr als Kairos auffassen, an dem das Gesetz von Lebensläufen bildhaft ersichtlich wird?

Wir könnten auch fragen, warum unsere [analoge] Uhr ausgerechnet Zwölf Stunden zeigt, da wir doch nach 24 Tagesstunden rechnen. Die Antwort klingt unvermutet: Weil das Jahr 12 Monate hat. Vielleicht wird uns dieser Zusammenhang kaum je bewusst; aber es ist doch immerhin eine merkwürdige Tatsache, dass sich die wirklich praktische 24-Stunden-Zeit so schwer einbürgern will. Jede Glocke schlägt höchstens Zwölf; und jeder Mensch weiß, was es heißt, wenn's einmal *dreizehn schlägt*: Es ist irgendetwas ganz Unmögliches passiert.

Man könnte jetzt weiter fragen: was hat die Tageszeit mit den 12 Monaten zu tun? – Und wenn schon: Warum hat das Jahr nicht auch 24 Monate? Das liegt nun merkwürdigerweise an der Zahl 12 und an der Kreisteilung und ist ein rein mathematisches Problem, das alle Völker der Erde zu allen Zeiten auf die eine und gleiche Weise gelöst haben. – Jesus wusste dies; er hatte immer sehr viele Jünger, aber darunter den eigentlichen engen Kreis von Zwölf Aposteln. Es waren nicht zu allen Zeiten die gleichen Namen, aber zu jeder Zeit immer nur die gleiche Zahl.

Das mathematische Problem ist kurz gefasst folgendermaßen gelöst worden: Die Grundformel ist:

$$1 \quad + \quad 2 \quad + \quad \tfrac{1}{2}$$

oder: $\quad$ Einheit $\quad + \quad$ Mehrung $\quad + \quad$ Teilung

$$1 = \text{Einheit} \quad = 360 \qquad = 1 \times 2 \times 3 \times 4 \times 5 \times 6 \quad \times \quad \tfrac{1}{2}$$

Damit ist bei der Kreisteilung in 360 Grade die Zahl 6 die höchste Zahl der Mehrung. Nach der obigen Formel:

Einheit	+	Mehrung	+	Teilung
6	+	12	+	3
halber Stundenkreis		ganzer Stundenkreis		viertel Stundenkreis

Diese Übersichtliche Einteilung hat sich zuerst beim Jahreskreis bewährt und wurde später, als es Uhren mit Zifferblättern gab, auf die Tages-Zeit-Rechnung übertragen. Doch der Grund, warum dies die stimmige Form der Zeitrechnung ist, ist keineswegs dieser historische.

Genau genommen ist nämlich der Stundenkreis gar kein Zeitkreis, sondern ein Raumwerkzeug – ein Kompass, der uns über den Tagesstand der Sonne orientiert. Darum sind die Begriffe *Morgen, Mitternacht, Mittag, Abend* auch Raumorientierungen. – Die Jahreszeiten hingegen sind reine Termine im wahrem Sinne dieses Wortes.

In der Tageszeit kam man sich irren – das ist der Grund, warum wir eine Uhr mit uns herumtragen; in den Monaten und in der Jahreszeit dagegen kaum. – Wenn die Uhr Sinnbild eines Kairos ist, dann kann sie nur Sinnbild des Jahreskreises und seiner 12 Monate sein.

Und wenn es ein Gesetz des Kairos im Sinne eines Kreislaufs des Lebens gibt, dann haben wir dieses am deutlichsten in den 12 Entwicklungs-Phasen des Jahres vor Augen, wie sie sich in unseren Breiten in der Natur abspielen. Hier haben die Viertel des Kreises die Bedeutung der Jahreszeiten Frühling, Sommer Herbst und Winter; hier sind die Halbjahre astronomisch genau durch die Gleichen und Wenden des Jahres fixierbar und in je 6 Monate Aszendenz und Deszendenz eingeteilt, von denen der 7. Monat jeweils die Umkehr der Entwicklung bedeutet; – so wie dies ursprünglich in der 7-Tage-Woche gemeint ist.

In der Genesis haben wir das 6-Schichten-Gefüge der ersten 6 Schöpfungstage als die Grundordnung – als Geschichte[10]. Vom 7-Tag an aber beginnt die laufende Zeit – der Chronos und seine Chronologie, die mit Adam beginnt und bei Jesus endet. Er ist Ziel und Ursprung einer neuen Geschichte der Menschheit und daher auch – einer neuen Zeitrechnung geworden.

---

[10] Geschichte als das Geschichtete. Anmerkung des Herausgebers

7.) Das Gesetz der Cyclogenese

Ich verzichte hier darauf, das Gesetz des Jahreskreises näher zu erläutern. Man könnte dies lediglich in Form einer Tierkreis-Symbolik tun und hier existiert einerseits genügend Literatur – wenn auch wenig empfehlenswerte – andererseits ein Ungenügen an echtem Urteil darüber, welchen Sinn Darstellungen dieser Art folgen müssen, wenn sie einen haben sollen; nämlich entweder einen rein biologischen, oder jenen einer Sinndeutung. Im einen Fall handelt es sich um ein originalwissenschaftliches, im anderen um ein geisteswissenschaftliches Interesse. Bis zu einem gewissen Grad fiele das allgemeine Interesse, das jede Wissenschaft überhaupt um eine Zukunftsdeutung hat, hier in Betracht, sofern es mit geeigneten geistigen Mitteln und Methoden als Planungswissenschaft betrieben wird; das heißt, sofern es sich nicht bloß um Wahrsagerei und Kaffeesatz handelt. (Wobei ich nicht leugne, dass Kaffeesatzprognosen mitunter richtiger sein können als wissenschaftliche; nur sind sie eben nicht von generellem Interesse).

Aber wegen der Vorurteile ist es vielleicht schwer, glaubhaft zu machen, dass es Terminregeln von prognostischem Wert gibt.

Ich setze …… [unleserlich] als anerkannt voraus. Sie hat ihre Bedeutung vor allem in jenem einen Gedanken, durch welchen sie die *Onthophylogenese* oder auf Deutsch die Entwicklungsgeschichte der Einzelwesen und des Lebensstammbaums – entdeckt und nachgewiesen hat. Dieser Gedanke bestand darin, durch vergleichende Morphologie (also durch Formenvergleich) die einzelnen Stadien der Embryonalentwicklung mit den Entwicklungsstadien der Arten in Analogie zu setzen und damit die grundsätzliche Übereinstimmung der Entwicklungstendenzen alles Lebens generell nachzuweisen – eben an jener bekannten Lebenslinie der Onthophylogenese, welche den Stammbaum des Lebens darstellt.

An die eigentlichen Wurzel dieses Lebens-Stammbaumes heranzukommen war Darwin nicht möglich; ebenso gelang es ihm nicht, jene Verbindung von Wurzel und Wurzelgrund auch nur ahnungsweise anzudeuten, was sich später als eines der größten Verhängnisse herausstellen sollte, das je zu wissenschaftlichen Fehlschlüssen geführt hat.

Es fehlte – trotz heftiger Anfeindung Darwins – keineswegs an Stimmen, welche die eminente Bedeutung dieser Entdeckung er kannten; aber ihre biologische Auswertung blieb so weitgehend beschränkt auf zoologische und botanische Teilgebiete, dass der humane Sektor – und damit hauptsächlich die Medizin – lediglich einen ziemlich theoretischen Nutzen zu spüren bekam.

Als dann 1925 Günther Enderlein mit der Bakterien-*Cyclogenese* die Wurzel des Lebensbaumes sowie 1954 mit der Entdeckung der *Systatogenese* den Wurzelgrund fand und er unverzüglich an die theoretische und praktische Auswertung ging, die sich hier für die Heilkunde ergab, war die Schulmedizin bereits auf sämtlichen Geleisen dogmatisch verrannt und festgefahren. Es half wenig, dass die Elektronenmikroskopie bis heute am laufenden Band Bestätigungen der Enderlein'schen Fundamentalbiologie erbrachte. Man durfte ihm nicht mehr recht gehen, ohne ein Unrecht zuzugeben, das die ganze Medizin auf die Anklagebank gebracht hätte.

Was die Darwin'sche Phylogenese auf den ersten Blick irgendwie unbefriedigend erscheinen lässt, ist die Tatsache, dass sie lediglich den Sinn einer Aszendenz zu erkennen gibt.

Als Aszendenz-Theorie ist freilich so eindeutig, dass sie sich gegen ihre wütendsten Gegner behaupten konnte. Doch der dem Leben notwendige Gegensatz der Deszendenz hat sich als derart fühlbarer Mangel erwiesen, dass auch die Anhänger über diesen Schönheitsfehler nachdenklich und kleinlaut geworden sind.

Ohne eine ebenso eindeutige und unabweisliche Deszendenzvorstellung fehlt der Biologie nicht allein der Ursprung, sondern auch das Ziel aller Geschichte. Man weiß nicht, wo das Leben hergekommen ist und demgemäß auch nicht, wohinaus es sich in Hinkunft noch weiter entwickeln soll. Irgendeinen Ursprung muss es ja haben, aber eine reine Aszendenz liefe auf eine Entwicklung *ad infinitum* und damit – ad absurdum hinaus.

Eine Entwicklung dieser Art ist in Wirklichkeit an den Lebewesen nirgends nachweisbar. Alles Leben hat irgendwo in den Wesen seinen Höhepunkt und danach wiederum seinen Abstieg – ja, irgendwie kommt es auch wiederum an seinen Ursprung zurück. Je nach der Zeit.

8.) Die Ursprungs- oder Mehrungs-Teilung

Das Protit ist eine von Enderlein erwiesene fundamentalbiologische Tatsache, welche auch die Chemiker bestätigen. Was ich nun über die Ursprungsteilung sage, ist zum Teil Spekulation auf Grund von Tatsachen, die kaum eine andere Deutung zulassen.

Enderlein konnte Teilungsvorgänge nur im lichtmikroskopischen Bereich beobachten und erkennen, dass die erste Veränderung des Lebens in der Form des *Protits* die Teilung ist.

Sie erfolgt durch sprunghaftes Aussschießen eines Teilungsfadens mit Endknöpfchen, das sich bald vergrößert und schließlich die Teilungshantel - das *Chondrit* bildet. Hier scheint bereits eine Urpolarität zu bestehen als ein männliches und weibliches Ende des Chondrits.

Denn als nächster Schritt erfolgt nunmehr eine Differenzierung in

a) eine dem Protit ähnliche, unbewegliche Form, welche zu einer Vergrößerung neigt, indem sich mehrere Gebilde dieser Art zusammenlagern: Das weibliche Symprotit, aus dem sich das *Mych* bildet, welches hernach der Grundbaustein sämtlicher Zellkerne ist.

b) Weiters in eine durch Teilungsfaden bewegliche Form, welche relativ klein bleibt, wie ein Samenfaden aussieht und mit den Kernelementen auch sofort Kopulationen eingeht: Das männliche *Spermit*.

(Es wurde etwa ein Jahr später unabhängig von Enderlein auch von d'Hérelle[11] entdeckt und als *Bakteriophage* bezeichnet; einige frühere Forscher sahen darin ein Virus – wie z.B. Otto Schmidt, der damit den Krebserreger gefunden zu haben glaubte.)

Mit diesen primären Grundformen des Lebens sind bereits alle sogenannten Primitivphasen der Aszendenz im Bereichs der Lebensbasis beschrieben.

---

[11] Félix Hubert d'Hérelle (1873 – 1949), Biologe und Mikrobiologe. Er gilt als einer der Entdecker der Bakteriophagen.

Unmittelbar an diese schließt sich bereits eine Deszendenz an, indem die Kopulation zwischen Spermit und Mych in der Regel wiederum einen Zerfall in mehrere Protite herbeiführt; – ein Akt, welcher einerseits den Sinn einer Propagation [Vermehrung, Fortpflanzung] und Samenstreuung hat; andererseits den Sinn einer Zurückholung in das universale Lebensstadium, dem sämtliche Möglichkeiten einer Neu-Differenzierung und Neuordnung offen stehen, wie sie durch eine neue Zeit und eine veränderte Lebenslage immer wieder gegeben werden. Sie stellen das Leben vor potenzielle Alternativen und damit vor seine Änderung.[12]

Die entscheidende Frage, die sich nun erhebt, betrifft jenen Vorgang, der sich bei der Ursprungsteilung im Protit nicht mehr beobachten lässt.

Es ist bekannt, dass die Chemiker dieser Frage mit besonderer Energie – jedoch unter ganz anderen Denkvoraussetzungen zu Leibe gingen. In der Chemie handelte es sich darum, das Leben sozusagen auf eine Eiweißformel zu bringen, um diese am Ende synthetisch herstellen zu können. – Ein Chemiker würde sich vor allem fragen, aus welchen anorganischen Elementen ein Protit bestehe, welche organischen Aminosäuren, Polysacharide, Nukleinsäuren, Fette und Esther sich zu einer bestimmten Strukturformel verbunden haben; welche Katalysatoren als Teilungsfermente unter welchen Bedingungen wirken, wie die Strukturformel, nun sich teile – usw. All diese Fragen werden zum größten Teil ja auch heute schon beantwortet. Für den Biologen sind jedoch diese Fragen von untergeordneter Bedeutung. Er ist sich von vornherein klar, dass ein Riesenmolekül wie das Protit niemals restlos erforscht werden kann. Für die Praxis ist und bleibt es ein kleines Mikro-Universum, das in der Tat durch seine Teilung jede genetische Entwicklungsmöglichkeit hat.

Jede Eiweiß- oder Fermentformel irgend eines Lebewesens hat in diesem Mikrokosmos *Protit* ihren Ursprung. Es erscheint nahezu als aussichtsloses Unterfangen, dieses *Universum im Kleinen*, das dem Weltall gegenübersteht und ihm mit all seinen Anpassungsmöglichkeiten gewachsen ist, irgendwie auf eine einfache Formel bringen zu wollen. In einer solchen Formel des Lebens müsste der Menschenverstand sämtliche Weltgegebenheiten an Zeit und Änderung bis

---

[12] Hier könnte man von einer biologischen Potenzialität sprechen. Anmerkung des Herausgebers

in alle Zukunft hinein ausschöpfen.

Ich will ja nicht behaupten, dass dies prinzipiell unmöglich sei, aber dies in dem kleinen Rahmen des Mikrokosmos auf dem Wege analytischer Chemie? Ist dies nicht ein viel zu umständlicher, mühevoller Umweg? Nachdem doch eine klare Entsprechung zwischen Mikro- und Makrokosmos durch die Anpassung des Lebens an alle Gegebenheiten desselben besteht, müsste es, zumindest einmal für den Anfang – genügen, diesen Makrokosmos als Ganzen mit seinen großen und viel leichter zugänglichen Linien in einen gemeinsam verbindlichen Rahmen zu bringen und von hier aus logische Rückschlüsse auf den *Mikrokosmos Protit* zu führen. Diese auf ihre Richtigkeit zu überprüfen ist doch wesentlich einfacher und würde von Anfang an zu einem Bilde führen, dass irgendwie abgerundet werden könnte.

So hat Enderlein einfach in seinem Protit einen Mikrokosmos gesehen und beobachtet, wie sich dieser dem Makrokosmos gegenüber verhält. Was hier eindeutig zu sehen ist, das ist eben jene einfache Teilung.

Wie lässt sich diese Ursprungsteilung nun deuten? Und hier beginnt notwendig die Spekulation: Nehmen, wir einmal an, wir hätten es bei dieser Teilung mit einer reinen Vermehrung zu tun, wie sie der Bakteriologe auf seinen Nährböden gerne sieht: Aus irgend einem kugelförmigen Kokkus [*Kokken* - Kugelbakterien] wird durch Zellteilung wieder der gleiche Kokkus mit der gleichen Teilung ad infinitum. Das Resultat wäre eine Blockade jeglicher weiteren Genese. Denn auch ein noch so großer Haufen von Protiten ergäbe niemals etwas anderes als eben nur Protite genau der gleichen Art. Es gäbe damit in der ganzen Naturgeschichte weder Aszendenz noch Deszendenz, sondern bloß die eine Art Lebewesen: das Protit.

Wenn nun aber doch andere und höhere Arten von Mikroben daraus entstehen, verschiedene Virusarten, Bakterien mit differenziertem Zellkernen, Mycelien, Hefepilze etc., dann lässt sich dies nur auf einem anderen Weg erklären und wir müssen uns dazu bequemen, in der Ursprungs-Teilung nicht eine bloße Vermehrung zu sehen, sondern einen Vorgang, der sich nur unter den Begriff einer Mehrungs-Teilung verstehen lässt: Aus dem einen Protit werden – je nach Zeit und Lebenslage – zwei ungleiche Teile: Eine Ursprungspolarität in die beiden Grundformen aller weiteren Genese männlich-weiblich.

Die Anzahl derartiger Möglichkeiten von Ungleichzeit oder Polarität muss – bei

einem derart hochdifferenzierten Mikrokosmos, wie ihn das Protit als Eiweiß-
kügelchen darstellt – Legion sein; eben jene Legion, welche nachher die
Millionen Arten von Lebewesen verkörpern, die sich aus diesem Ursprung
entwickelt haben. Es ist ziemlich schwer, sich die Sache anders zu denken. Aber
es ist immerhin auch eine Tatsache, dass die gesamte Wissenschaft zwischen 1925
und 1964 an dieser selbstverständlichen Konzeption mit geschlossenen Augen
vorbeigegangen ist und sich nicht einer dafür einzutreten gewagt hat.

Was diese originale Konzeption leistet, ist auf den ersten Blick klar:

1) Das Rätsel des Lebensursprungs ist damit gelöst

2) Die Aszendenz, die seit Darwins Zeiten unvollständig war, ist restlos
   hergestellt

3) Mit dem Ursprung des Lebens ist auch das Ziel der Deszendenz
   eindeutig klar geworden

4) Mit der durch Zerfall zur Lebensbasis tendierenden Spermit-Mych-
   Kopulation ist das immunbiologische Grundprinzip aufgedeckt worden
   als dasjenige, was heute Bakteriophagie genannt und als
   Selbstreinigung aller fließenden Gewässer in der Natur bekannt ist. Auf
   diesem Prinzip beruht auch die Selbstreinigung des Blutes und der
   Körperflüssigkeiten durch den Abbau von Bakterienkernen pathogener
   Art.

5) Mit der, über die Cyclogenese der Primitivphasen weiter aufsteigenden
   Entwicklung lässt sich in der Folge die Entstehung der Arten im
   subzellulären Bereich eindeutig klären und als Symbiose der höheren
   Art mit den Mikroorganismen, sowohl im Pflanzenreich als auch im
   Tierreich mit Sicherheit nachweisen.

6) Die Geschlechterpolarität ist als fundamentalbiologisches Phänomen
   nachgewiesen sowie die Deszendenz als Folge mikrobiologischer
   Paarung in Gegensatz zur Aszendenz als Paarungsfolge im Pflanzen-
   und Tierreich.

9.) Die höhere Cyclogenese

Auch in der Cyclogenese gilt der Satz, dass das Leben umso differenzierter wird, je höher es sich entwickelt. – Im Rahmen dieser Arbeit ist lediglich eine schematische Darstellung möglich. Wenn wir von Kokken, Viren, Bakterien etc. sprechen, so gilt dies grundsätzlich für alle Arten. Doch es muss vorweggenommen werden, dass hier eine Fülle morphologischer Momente unberücksichtigt gelassen werden muss. Die genetischen Linien der Arten bilden ein dichtes Geflecht und es wird Generationen von Forschern brauchen, diese Fäden im Einzelnen zu entwirren. Hier geht es nur darum die große Leitlinie des Grundgedankens aufzuzeigen, die Enderlein für eine solche Forschung frei gelegt hat – durch Arbeiten, die vor allem für das Wesen der chronischen Krankheiten wie Krebs und Tuberkulose Klarheit geschaffen haben. Wenn heute der Krebs immer noch als unheilbar hingestellt wird und ebenso andere Krankheiten chronischer Natur als ungeklärt bezeichnet werden, so ist dies entweder Ignoranz noch Lüge. Jeder medizinische Einzelfall wird immer seine Rätsel und Schwierigkeiten bieten; viele Behandlungsarten, wie etwa Homöopathie und der größte Teil der Chemotherapie sind hinsichtlich ihres Wirkungsprinzips ungeklärt, indem man zwar die Wirkungen aber nicht die Gründe dafür kennt.

Doch die Heilungen von Krebs und chronischen Krankheiten durch die Chondrite bzw. Spermite des *mucor racemosus* sind sowohl in ihren Wirkungen als auch in ihren Gründen fundamentalbiologisch eindeutig sicher und erwiesen. Kein medizinisches Fach ist theoretisch so gut wissenschaftlich fundiert, wie gerade die Fundamentalbiologie und hat praktische Erfolge dieser Art aufzuweisen – ausgenommen ist die Unfallchirurgie. Was sich heute außer böswilligem Totschweigen gegen Enderlein zu erheben wagt, sind unbewiesene Behauptungen von Leuten, welche seine Sache keines Blickes oder Gedankens, – geschweige denn einer Prüfung gewürdigt haben. – Diese Haltung ist freilich ein Rätsel, das von Jesus' Zeiten an fast allen großen Heilkundigen begegnet ist. Ich will später versuchen, die Hintergründe dafür aufzudecken, doch hier möchte ich lediglich dem Einwand begegnen, den man von Laien immer wieder hört: Eine Sache, die so bedeutend sei, müsse in namhaften Fachkreisen doch wenigstens andeutungsweise bekannt sein.

Nein; das heutige Informationssystem hat sie fallen lassen und damit ist sie aus der Welt geschafft. Dass die Weltpresse diese Macht hat und zu gebrauchen weiß, ist bekannt. Welche Interessen hier im Einzelnen dahinterstehen, können wir uns heute sehr leicht denken, aber sicher wird man das erst in kommenden Zeiten wissen. Vorher werden diese Zeilen auch von keinem Verlag jemals gedruckt werden. Aber ich habe als Arzt die Verantwortung, wenigstens meine Patienten über die bestehende Lage aufzuklären. Sie dürfen das Vertrauen haben, dass ich von der Freiheit, meines Berufes auch jeder Weltmacht gegenüber Gebrauch mache werde und nach Wissen und Verantwortung in ihrem Interesse handle. Das geht heute nur in einem kleinen Rahmen und ohne Aufsehen irgendwo am „Ende der Welt". Und das sind auch die Voraussetzungen, unter deren ich mir dieses Wissen aneignen konnte.

Was ich von der Cyclogenese bisher geschildert habe, umfasst lediglich das erste Viertel des ganzen Kreises: die Primitiv-Phasen. Wer diesen Zyklus etwa mit dem Jahreskreis vergleicht, kann die drei Primitiv-Phasen: Chondrit, Spermit und Mych den ersten 5 Wintermonaten zuordnen: Jänner, Februar, März.

Bei dieser Gelegenheit mag gleich erwähnt werden, dass bei der medizinischen Behandlung mit diesen Mitteln die Jahreszeit und auch die Tageszeit eine sehr entscheidende Rolle spielt. So ist es z.B. sinngemäß der März und der April (Mychit) in welchem die Spermiten ihr größtes Angriffsmoment und ihre maximale therapeutische Wirkung entfalten, während diese in den Winter-monaten relativ gering ist. Aber hier spielen auch individuelle Momente ihre Rolle, so vermutlich die Geburtszeit des Patienten.[13]

Am Beginn des nächsten Sektors (gleichnisweise der Frühling) steht bereits eine primitive Zelle: Zellkern ist ein einziges Mych und ein kleiner Plasmasaum von Reservestoffen gibt dem Gebilde bereits eine gewisse, wenn auch geringe

---

[13] In all diesen Texten erkennen wir den Unterschied zwischen Kausal- und Fundamentalwissenschaften in der Form der nötigen Betrachtung. Die kausalen Zusammenhänge erkennt man in Gesetzmäßigkeiten, die es zu formulieren gilt. Die Fundamentalwissenschaft arbeitet mit Prinzipien, die zu Entsprechungen, Korrelationen und Komplementaritäten führt, welche sich musterhaft zeigen. Hier zählt nicht nur die exakte Übereinstimmung, sondern die prinzipielle Ähnlichkeit/Entsprechung. Unter anderem durch die KI, die auch nach Mustern und Entsprechungen arbeitet, bekommt diese Art der Betrachtung ein neues Momentum. Anmerkung des Herausgebers

Stabilität und Lebensdauer. Es ist das *Mychit*.

Das eine Mych kann sich teilen und einen Zellkern vor mehreren Mychen bilden. So entsteht das *Cystit*. Je nach Größe wird man bei einem Mychit von Virus oder Mikro-Kokkus sprechen, bei einem Cystit vielleicht bereits von Kokkus. Bei besonderer Vergrößerung kommen Formen vor, die als primitive Zellen im menschlichen Blut gefunden werden: die Thrombozyten oder Blutplättchen.

Alle diese Charakteristika sagen also in keiner Weise aus, ob die Mikrobe ein Krankheitserreger (also ein Parasit) oder ein Symbiont (ein Element der für den Organismus nötigen Lebensgemeinschaft) ist. Das von der Medizin des vorigen Jahrhunderts gezüchtete Vorurteil, Bakterium und Krankheitserreger sei identisch, hat hier jede Bedeutung verloren. Es ist nicht nur erwiesen, dass die meisten Bakterien Symbionten sind, sondern, auch die Begriffe der „Sterilität", „Infektion" bzw. „Desinfektion" haben sich als revisionsbedürftig erwiesen.

Enderlein konnte zeigen, dass die sogenannten Infektionskrankheiten durch Seuchenerreger ausgelöst werden, die nur in einem einzigen Entwicklungsstadium der Cyclogenie wirklich pathogen sind; in den Stadien darunter und darüber aber nicht. Immunität wird erworben, indem der Erreger auf irgend einem Wege rascher in das höhere Entwicklungsstadium gebracht wird; oder sie besteht von Natur aus, indem der Organismus Sperrmaßnahmen gegen die Höherentwicklung anwendet – die sogenannte Kernverriegelung oder Mochlose; oder die bereits erwähnte immunbiologische Abbaureaktion durch die Spermiten.

Eine Sterilität im Organismus erreichen zu wollen, hieße die Parasiten mit den Symbionten zusammen ausrotten. Abgesehen davon, dass dies aus Gründen, die sich später ergeben werden (Systatogenese), gar nicht geht, wäre dies eine der radikalsten Methoden, den Patienten umzubringen, wenn es gelänge. Leute, die einmal erfahren haben, was eine gründliche Zerstörung der Darmflora bedeutet, dürften die beste Vorstellung haben, was geschehen würde, wenn man dasselbe mit dem Blut, den Bronchien, der Lymphe und anderen Organen durchführen würde. Solche Desinfektionen wären kalter Mord.

Zu einer Seuchenbekämpfung biologischer Art wird man Methoden entwickeln müssen, welche prophylaktisch entweder eine Mochlose der betreffenden Mikrobe bewirken; oder im Krankheitsfall eine Mochlo-Lyse – eine Kernentriegelung, welche die Mikrobe über das pathogene Stadium hinauslanciert; oder

eine Impfung mit aktiven Spermiten, die das pathogene Bakterium abbauen. –
Was man hingegen heute noch unter „Impfungen" versteht, ist fundamentalbiologisch unqualifizierbar; es ist einfach ein Herumprobieren mit Bakterien-
stoffen unkontrollierbarer Art am Menschen, bei dem man mit einigem
Optimismus zu wissen glaubt, was man tut. Wer die wirksamen Quanten kennt,
die man bei den schwersten Erkrankungen immunbiologisch einsetzt, dem läuft
ein Schauder über die Haut, wenn er sieht, mit welcher Bedenkenlosigkeit
Serumkonzentrate nach Kubikzentimetern in die Leute hineingespritzt werden.
– Man wird sich in den kommenden Jahrhunderten fragen, mit welcher Naivität
man ein solches Vorgehen als wissenschaftlich fundiert hatte bezeichnen und
glaubhaft machen können.

Das nächste Entwicklungsstadium nach dem *Cystit* ist das sogenannte *Theoit*:
Das Innere der „Cyste" ist vollkommen mit Mych ausgefüllt, so dass es wie ein
einziges riesenhaftes Mych erscheint und damit einen ausgewachsenen
Bakterienkern darstellt.

Diese Mych können in der Tat weiter zu einer kolloiden Masse konfluieren und
ergeben dann ein sogenanntes *Kolloid-Thecit*. Es gehört zu den Vorstufen des
roten Blutkörperchens, ist sehr labil und zerfällt leicht, wobei es bis zu hundert
Spermiten frei gibt. – Der Sinn ist vollkommen klar: Das Kolloid-Thecit ist ein
entscheidender Träger immunbiologischer Abwehr im Körper. Ebenso wie das
etwas höher organisierte *Dioeko-Thecit*, das außerdem einen Randsaum feinster
Fimbrien besitzt und anscheinend dadurch aktiv beweglich ist. Sehr wahrscheinlich können auch beim Zerfall roter Blutkörperchen Spermiten oder Primitivphasen anderer Art frei werden. Jedenfalls hat Carl Spengler auf dieser Tatsache
eine wirksame Therapie immunbiologischer Art entwickelt.

Ein Thecit + Plasma ist bereits ein Kokkus. Hat die Mikrobe zwei Kerne und
Stäbchenform, spricht man vom Bakterium. Ebenso wenn das Stäbchen 4, 8, 16
und 32 Kerne hat. – Merkwürdigerweise kommen bei der Kernvermehrung bloß
die Zweierpotenzen vor. Bei einer gewissen Länge wird aus dem Bakterium ein
Mycel-Faden oder ein Pilz. In den Pilzen oder Hefen sieht Enderlein die
Kulminante der Bakterien-Cyclogenie.

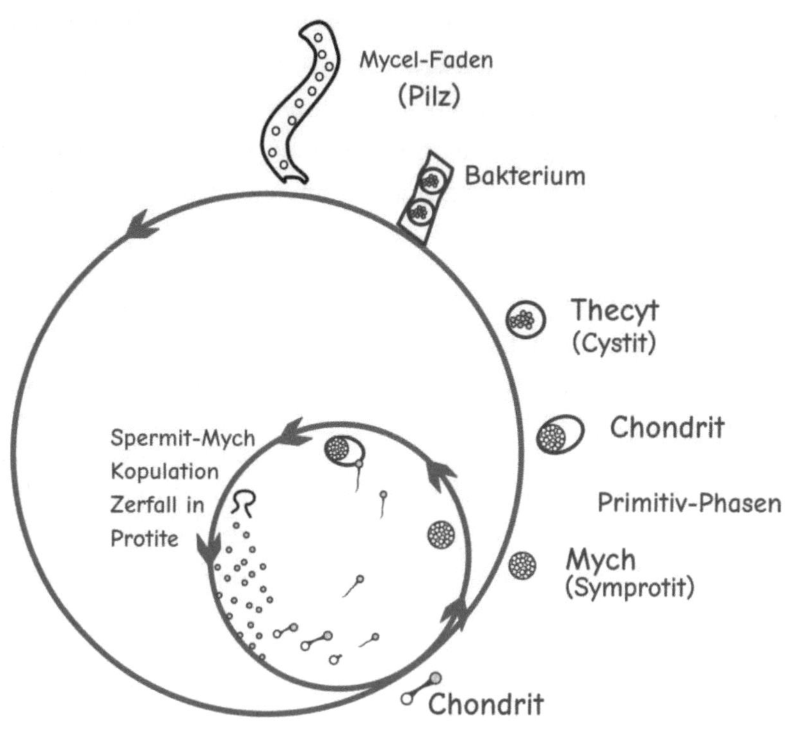

Abb. 4: Niedrige und höhere Cyclogenese

10.) Aszendenz und Deszendenz

Mycelien [Myzelien] und Hefen sind bereits ausgewachsene Lebewesen, die ihren eigenen Lebenskreis entwickeln können. Sie bilden Pilzrasen, Geflechte oder Kolonien; sie treiben gleichsam „Blüten", wie die höheren Pflanzen – sogenannte Ekto-Gonidien, die mit Goniten oder Pilz-Samen (auch Sporen genannt,) dicht besetzt sind und aus denen wiederum Mycel-Fäden sprossen können.

Sie können auch in einem Hohlraum des Mycel-Fadens Endo-Sporen entwickeln und dieselben wie bei einer Geburt ausschütten; Und auch hier kann sich die Deszendenz vom Mycel zum Gonit wieder umwandeln in eine neue Aszendenz vom Gonit zum Mycel.

Damit wird ein ähnlicher kleiner Kreis sichtbar, wie wir ihn bereits im Bereiche der Primitivphasen kennen gelernt haben, wo durch die Spermit-Mych-Kopulation zwischen Protit und Mychit Aszendenz und Deszendenz einander die Waage halten können.

War hier der Sinn dieser Kopulation derjenige einer Deszendenz, um das Leben wieder in den Grundbereich seiner universalen Entwicklungsmöglichkeiten zurückzuführen, so bildet das Mycel den Gegenpol einer Lebenshöhe im Bereichs der Bakterien-Cyclogenie. Auch in diesem Bereiche führt die Kopulation und Samenbildung der Pilze zu einer Deszendenz ins Gonit und aus den Sporen wiederum zum Auskeimen neuer Mycelfäden – also zu einer Aszendenz, welche der Deszendenz die Waage halten kann.

Doch in diesem Bereiche der Cyclogenie hat das Leben bereits eine höhere Entwicklungsstufe eingenommen und die Lebewesen sind dem Wandel der Zeit gegenüber auf die Dauer weniger gut angepasst. Was geschieht nun z.B. bei einer Trockenperiode oder gar bei einem Brand mit dieser ganzen Flora von Pilz-Flechten oder Hefen?

Bevor Enderlein noch die Erkenntnisse jener dritten Lebenslinie veröffentlicht hatte, wusste man bereits, dass die Sporen der Pilze und Hefen eine geradezu unglaubliche Widerstandsfähigkeit gegen elementare Einflüsse besitzen. Es gibt Arten, die eine Erhitzung über mehrere hundert Grad unter Druck oder

Abkühlungen auf 250 Grad und darunter ohne erkennbare Schädigungen ihrer Lebenskraft ertragen. Letzteres wurde sogar bei menschlichen Samenfäden erwiesen und praktisch bei der künstlichen Befruchtung verwertet.

Nun lehren aber bekannte Versuche, dass man niedere Lebewesen darüber hinaus auch noch mechanisch zu feinem Pulver zerreiben kann; dass sich ihre Struktur also zerstören lässt, ohne dass dadurch ihrer Lebenskraft Abbruch getan wird. Aus vollkommen zerriebenen Süßwasser-Polypen setzen sich wiederum neue Individuen zusammen. Pilze und Algen, die man auf dem Weg irgendeiner Form von Deszendenz in ihre Moleküle – also wiederum ins Protit-Stadium zurückführt, verlieren zwar die Struktur, aber das Grundgesetz ihrer cyclogenetischen Entwicklung bleibt in den Trümmern der Struktur erhalten: Die genetischen Kräfte sind stärker als die physischen Gewalten.

11.) Systatogenese

Man versuchte sich die Konsequenz dieser Tatsache einen Augenblick lang wirklich vor Augen zu halten: Die Lebenskraft ist stärker als Feuer, Stahl und Eis.

Es ist keine pathetische Dichtung für den Schlussakt eines sentimentalen Dramas, in dem die Toten einander im Wege liegen; es ist eine nüchterne Tatsache, die als Ergebnis einiger unscheinbarer wissenschaftlicher Experimente an den Tag kommt.

Man baut Lebewesen bis zu ihren Molekülen ab und sie bauen sich wieder auf, wie vorher, als sei nichts geschehen. Man führt einen Krieg gegen Bakterien und Parasiten und er ist wirkungslos. Man führt quasi Heldenkämpfe mit Bomben und Granaten; es soll ein Vernichtungskrieg sein und das Resultat ist immer das gleiche. Man glaubt an die Vernichtung; es ist ein Aberglaube, den die Geschichte bis heute unentwegt und ungerührt widerlegt hat. Auf diesem Wege ist nicht einmal die Vitalität einer Alge angreifbar!

Vielleicht wird man hier einwenden, dass die neuzeitlichen Atomkräfte hier einen Wandel geschaffen haben und der Mensch hierin doch die Gewalten in der Hand halte, das Leben auf der Erde zu vernichten.

Ich sage nein. Man kann Lebewesen damit töten; gewiss auch in noch größerem Maßstab als vorher. Aber ihr Tod ist weder eine Vernichtung, noch gibt es eine Vernichtung dessen, was wir Leben nennen.

In einem bestimmten Bereich der Cyclogenese – nämlich im 4. Viertel dieses Lebenskreises – gibt es den Tod überhaupt nicht. Das ist das Ergebnis einer Entdeckung, welche Günther Enderlein im Jahre 1954 unter dem Titel *Systatogenie* publiziert hat.

Zunächst eine Erklärung dieses merkwürdigen Namens: Er ist eine Verbindung der Worte *Systase* und *Genese*. Unter einer *Genese* oder *Geschichte* versteht man eine beliebige Form von Lebenswandlung in der Zeit. Eine *Systase* ist eine, unter Zusammenziehung entstandene statische oder erstarrte Trockenform des Lebens, welche sich nicht – wenigstens vorübergehend nicht – wandelt, sondern einen Dauer-Zustand darstellt. Als Beispiel einer Systase ließe sich bereits jene Dauerform ansprechen, welche die Samenkörner der Mycelien bilden – die

Sporen. Andere gut bekannte Systasen sind fast alle Pflanzen-Samen oder aus dem Tierreich etwa die Muschelschalen, Schneckenhäuser; auch Knochen und Zähne zählen bis zu einem gewissen Grad hier hinzu.

Systatogenese ist also eine Genese von Systasen oder eine Wandlung von Dauerformen biologischer Natur.

Makrobiologisch würde man hierbei am ehesten an das Wachstum von Knochen und Zähnen denken; doch die Systatogenie gehört ihrem Wesen nach in den unteren Deszendenzsektor der Cyologenese. Sie gehört dem Bereiche der Vergänglichkeit an und stellt eine Ausweichmöglichkeit des Leben dar in jene kristalloiden oder amorphen Trockenformen, die – makroskopisch gesehen – Erde sind; – Asche-Staub.

Als Professor Enderlein das erste Mal einem französischen Biologen eine solche Systase zeigte, mit der Frage, was er da mikroskopisch wohl eingestellt habe, antwortete dieser nach langer Überlegung: „Ach, das also meinen Sie, Herr Kollege! – Das ist bloß Schmutz."

Enderlein konnte zeigen, dass er eine bessere wissenschaftliche Definition als *Schmutz* für dieses Gebilde hatte. Es besaß eine seltsame kristallinische Struktur und an den kantigen Ecken – die einem bestimmten Winkelgesetz folgten – ließ sich das Auskeimen von Chondriten erkennen. Außerdem hatte sich die Form dieses ganzen Gebildes nach einigen Stunden wesentlich verändert. – Der „Schmutz" hatte fundamentale Lebenseigenschaften gezeigt: Chondritbildung und genetische Wandlung.

Enderlein hatte gezeigt, dass man dasselbe an so ziemlich jedem lebendem Gewebe oder Material darstellen kann, das man vorbrennt, sterilisiert oder auf sonst einem Weg abtötet. Die Systatogenese ist ein allgemeines Gesetz jenes „Schmutzes", den wir *Erde* nennen. Die Erde ist nicht tot, sondern sie lebt. Freilich ist es eine besondere Art von Leben, aber wissenschaftlich gesehen hätte es wenig Sinn, sich der Illusion hinzugeben, dass dieser Staub tot wäre. Er selbst kann uns das Gegenteil beweisen und tut dies ja auch.

Aus dem Staub von 6000-jährigen Mumien hat Enderlein seinen Endobionten gezüchtet, ebenso wie man aus den Getreidekörnern der Grabkammern neue Saaten hatte auskeimen lassen oder wie mit den Steinkohlelagern gefundenen Pollenkörnern eine Befruchtung bestimmter Pflanzen gelungen ist. Die

Jahrtausende haben keinen Einfluss auf das in die Systase ausgewichene Leben. Es regt sich auch hier gleichsam noch im Schlaf und wacht auf – zu seiner Zeit.

Wie nun, lässt sich denn dieses Leben auf gar keine Weise umbringen? – Ich denke nicht. Man hat sich bisher zwar dem Glauben hingegeben, dass Asche, Staub und Erde tot sei. Das ist alles. Eine eingehende Betrachtung hat jedoch das Gegenteil, ergeben.

Der Tod regiert auf den Höhen des Lebens unter den einzelnen Lebewesen der Phylogenese. Diese kann man töten. Der Staub, in den diese Körper dann zerfallen, behält sein Leben; aus ihm kann neues Leben aufsteigen, bis zu seiner alten Höhe und darüber hinaus. Ein Lebewesen ist sterblich, das Wesen des Lebens bleibt unsterblich.

12.) Wurzel und Grund des Lebens-Stammbaumes

Wenn wir das Gesetz von Onto-Phylogenese, Cyclogenese und Systatogenese in einer Skizze zusammenfassen, ergibt sich so etwas wie ein biologisches Koordinaten-System.

1. Onthophylogenese – die Senkrechte oder der Stamm des Lebensbaumes

2. Cyclogenese   - Origo oder Ursprung, die Wurzel des Baumes

3. Systatogenese – die Waagrechte der Wurzelgrund des Baumes

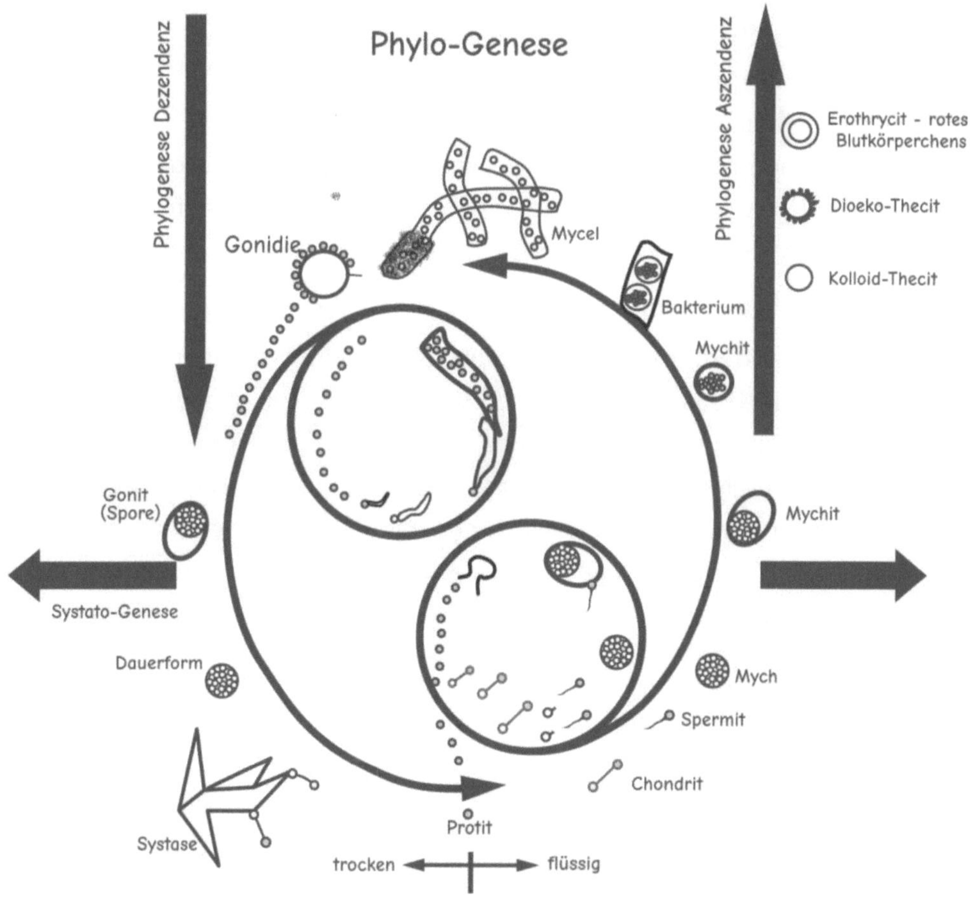

Abb. 5: Zusammenhang der Genese-Strömungen

13. Krebs

Wer diesen Titel liest, prüfe sich einen Augenblick lang, was er unter diesem Wort gegenwärtig hat: – Die Krankheit, die zoologische Art oder das Tierkreiszeichen? – Ist es nicht seltsam, dass die deutsche Sprache mit ihrer Deutlichkeit, für alle drei Dinge ein und das gleiche Wort hat?

Abb. 6 Sternzeichen Krebs

Wer die Tierkreis-Symbolik kennt, wird auf dem umseitigen Abbild der Cyclogenese zu seinem Erstaunen das Krebssymbol erkannt haben. Interessanterweise hat Enderlein selbst auch in erster Linie seine, auf dem Wege der Cyclogenese entwickelten Heil-Chondritene gegen die Krebskrankheit eingesetzt und hier seine bedeutenden Erfolge erzielt. Merkwürdigerweise hieß auch schon im Altertum das astrologische Zeichen der Sommersonnenwende und die gleiche Krankheit wie heute Krebs (Cancer) und es ist wahrscheinlich, dass mit dem Tierkreiszeichen nicht das zoologische Flusstier gemeint war, sondern wahrscheinlich die bösartige Krankheit. Ich habe das an anderer Stelle ausführlich begründet.

Aber es gibt andere interessante Parallelen: Merkwürdigerweise steht das Tierkreiszeichen Krebs an der gleichen Stelle, wo im cyclogenetischen Kreis das Myzel steht. Und eben ein solches Mycel ist das Krebsgewebe; das die Körperteilen durchwuchernde Mycel des *mucor racemosus fresen*, der ein Milchsäurebildner ist (wie dies Warburg[14] dann auch nachgewiesen hat – allerdings mit der Deutung, dass es die Körperzellen selbst wären, welche in Milchsäuregärung gerieten).

Warburg bekam für seine Entdeckung den Nobelpreis; Enderlein erntete – Schweigen, obwohl er den *mucor racemosus fresen* als Krebs-Urheber nachge-

---

[14] Warburg-Hypothese nach Otto Heinrich Warburg: Er beobachtete, dass Krebszellen zur Energiegewinnung Glucose zu Glykolyse umwandeln und diese als Milchsäure ausscheiden (Milchsäuregärung). Normale Zellen verbrennen Glykose in den Mitochondrien (Citratzyklus).

wiesen hatte und Warburg nur die Milchsäure.

Enderlein erklärte die Entstehung des mucor racemosus in der Krebszelle auf dem Wege der Cyclogenese, wies an hunderten von Laborversuchen diesen genetischen Entstehungsweg nach und zeigte die Rückbildungsmöglichkeiten des Tumors auf dem Wege der Spermiten-Kopulation mit den Mych der Mycel-Kerne und deren anschließenden Zerfall. Er zeigte Ursprung und Heilprinzip der Krankheit. – Warburg erklärte die Milchsäuregärung der Körperzelle durch eine Rückentwicklung derselben in ein phylogenetisches jüngeres und primitiveres Stadium. – was man mit Vorbehalt und einigem Wohlwollen ungefähr als dasselbe ansehen, kann – aber er zeigte weder den Urheber noch den Ursprung noch das Heilprinzip der Krankheit. Wie man eine Zellgärung wieder in eine Zellatmung zurückführt, darüber zerbrechen sich heute noch sämtliche Krebsforscher vergeblich den Kopf.

Durch die Enderlein'sche Methode sind Kranke geheilt worden.[15] – Zu einer Warburg'schen Methode ist es nie gekommen. – Enderlein ist der totgeschwiegene Außenseiter geblieben; Warburg ist die nobelpreisgekrönte, von der Fachwelt anerkannte und bewunderte Kapazität geworden. – Bei Gott, ich vergönne Warburg alles, was er errungen hat und will von seinen zahlreichen wissenschaftlichen Verdiensten nicht das Geringste schmälern. Aber vor dem Nobelpreis habe ich jede Achtung verloren. – Hier stimmt so einiges nicht.

Biologisch ist die Krebskrankheit eindeutig geklärt, indem ihre Genese im Sinne einer Aszendenz des *mucor racemosus fresen*[16] vom Protit und Chondrit bis zum Mycel durch Enderlein aufgedeckt worden ist.

Die Beweise dafür sind nicht allein die experimentellen Zuchtversuche im Laboratorium, mittels deren aus den Primitivphasen des Pilzes immer wieder die Züchtung des Pilzgewebes auch künstlich gelang, sondern auch die spezifische Heilwirkung der Chondritine, deren Spermiten den Tumor im Bereiche seiner Zellkerne angreifen und diese wiederum zum Zerfall ins Protit-Stadium bringen, aus dem sich neuerlich Spermiten regenerieren, welche den Tumor weiter in gleicher Weise abbauen.

---

[15] Arnoul, Franz: Der Schlüssel des Lebens; Edition Asklepios, ISDN 978-3-87667-196-3

[16] https://de.wikipedia.org/wiki/Traubiger_Kopfschimmel

Die Heilung eines Krebstumors ist also an jene typische biologische Kettenreaktion gebunden, welche zur Kernspaltung und damit zum Zerfall der Tumorzellen führt und die nach dem gleichen Prinzip abläuft, wie die Reinigung der fließenden Gewässer in der Natur; – als Abbau aller organischen Elemente durch die Bakteriophagen, die ja eigentlich Spermiten sind.

Dieser Vorgang ist in der Naturwissenschaft gut bekannt. Man weiß, dass man einen Eimer dünnflüssiger [!] Jauche in einen Gebirgsbach schütten kann und das Wasser bereits auf dem Wege einiger hundert Meter wieder vollständig keimfrei ist. Etwa vierhundert Meter unterhalb dieser Stelle bleibt das Wasser unverändert trinkbar. Die Phagen bzw. Spermiten haben in dieser kurzen Zeit alle Bakterien vollständig abgebaut. Da Eiweißmoleküle auch mikroskopisch unsichtbar sind, ist im Mikroskop nicht ein Keim mehr zu entdecken.

Die unglaubliche Geschwindigkeit dieses Reinigungsvorganges ist typisch für den Ablauf der biologischen Kettenreaktion und lässt sich auch in der Heilanwendung derselben immer wieder beobachten.

Es gibt nun aber in der Natur – in verunreinigtem Wasser durch besonders verseuchte Fabrikabwässer und im Blut des Menschen durch möglicherweise ähnliche Denaturierungsvorgänge – Situationen, in denen die Spermiten nicht mehr angreifen können. Enderlein hat herausgefunden, dass es vor allem der pH- oder Säuregrad ist, welcher den entscheidenden Faktor bildet.

Es liegt auch hier eine eigene und natürliche Logik vor. – Wir haben gehört, dass die Warburg'schen Krebszellen – bzw. die vom *mucor racemosus* durchwachsenen und zerstörten Körpergewebe und ihre Zellen Milchsäure bilden. Diese Milchsäure stellt einen natürlichen Schutz des Mycels gegenüber dem Angriff von Spermiten dar; denn die Spermiten greifen am besten in einem neutralen oder leicht alkalischen Milieu von pH 7,3 an. Bei einem höheren Säuregrad werden sie passiv oder inaktiv; ebenso auch bei höherer Alkalität. Wenn man bei einem bestehenden Krebstumor dem Organismus etwa eine Injektion aufgeschwemmter Spermiten zuführt, so werden diese keineswegs zuerst den Krebstumor angreifen, sondern zunächst alle im neutralen Blut befindlichen Vorstadien der höheren Cyclogenie. Sie bauen den Nachschub des Krebstumors ab, der zunächst einmal sein Wachstum einstellen muss. Erst allmählich rücken sie an die Peripherie des Tumors immer näher heran; – der Tumor wird kleiner, derber und beginnt sich abzukapseln, wobei die Mycelien die zuführenden

Blutwege zu verschließen suchen. Wenn ihnen das gelingt, kann der Krebsknoten noch Jahre und Jahrzehnte lang bestehen bleiben, ohne Krankheitssymptome zu machen. Wenn nicht, [… unleserlich]

14.) Das Anartatische Grundgesetz

Enderlein hat sich nicht mit der Erkenntnis begnügt, dass das Krebsgewebe sauer und das Blut neutral sei und die Spermiten bei leicht alkalischem Milieu am besten funktionieren. Er hat vielmehr sämtliche Cyclostadien auf ihren Säuregehalt untersucht und dabei die merkwürdige Tatsache einer besonderen Gesetzmäßigkeit feststellen können:

Je höher ein Cyclostadium, desto höher der Säuregrad darin. – Dies nannte er das *Anartatische Grundgesetz*.

Um dem Problem des Säuregehaltes beizukommen, muss man wissen, dass im Organismus eine gewisse Abhängigkeit zwischen Gewebe und Flüssigkeit besteht. Gewisse Forscher fanden z.B., dass das Blut bei Krebskranken besonders stark alkalisch sei[17], so stark alkalisch, dass selbst Spermiten aus diesem Grunde nicht mehr wirksam waren, sondern sich in Protite auflösten. Und der Tumor konnte sich mit seinem sauren Gewebe bei reichlicher Produktion von Milchsäure gegen diese Alkalität gut schützen und hinter seinem Säureschirm lustig und ungestört wachsen.

Es wäre nun naheliegend, das Blut anzusäuern oder die Milchsäure des Tumors zu neutralisieren. Aber all diese Methoden versagen in der Praxis. Es ist schon richtig, dass sich Tumore hauptsächlich an jenen Stellen ansiedeln, an denen auch der Körper normalerweise Milchsäure bildet: Da ist vor allem der vaginale Teil der Gebärmutter und die Brustdrüse (Milch-Produzent) und beim Mann der Magen, welcher bei fehlender Salzsäure-Produktion Milchsäure bildet. Aber auch die Muskulatur bildet reichlich Milchsäure, und zwar die rechtsdrehend-Milchsäure oder Fleisch-Milchsäure – und diese scheint sogar ein Schutz gegen die linksdrehend-Milchsäure zu sein, welche u.a. der *mucor racemosus* bildet.

Demnach müsste die stark linksdrehend-milchsauer-Saure-Milch" besonders krebsgefährlich sein. – Doch sie ist es nicht. Die Milchsäure des *mucor racemosus* (der Name „*mucor racemosus*" spielt auf die Tatsache an, dass die von ihm

---

[17] Der pH-Wert des Blutes liegt bei gesunden Menschen zwischen 7,35 und 7,45. Sinkt der pH-Wert unter 7,35, gilt das Blut als zu sauer (Azidose).

gebildete Milchsäure ein chemisches Racemat von Rechts- und Links-Milchsäure ganz besonderer individueller Art ist) hat besondere Eigenschaften, welche sich chemisch fassen lassen müssten und sehr aufschlussreich wären. Aber dazu müssten sich die Chemiker mit den Erkenntnissen von Enderlein befassen; und das ist ihnen verboten. Es ist den Zeitungen verboten, über Enderlein zu schreiben. – „Tous les moyens de vous guérir: interdits aux médecins" – sagte der Pariser Dr. Jean Palaiseul seinen Kranken: „Alle Mittel, um Sie zu heilen: Für Ärzte verboten". Man sollte meinen, dass solche Tatsachen einen Sturm der Entrüstung und eine ganze Weltrevolution entfesseln müssten, doch das ist keineswegs der Fall; es geschieht – nichts.

15. Die Krebs-Psyche

Vor einigen Jahren hat der Fall des Dr. Issels einiges Aufsehen erregt. Er hatte eine Krebsklinik am Tegernsee eingerichtet und er hatte namhafte Erfolge bei seiner Behandlung. Da seine Ringberg-Klinik außer Dr. Herbergers Hufeland Klinik (in Wittenberg, ehemals DDR) die einzige internistische Krebsstation in Europa war, nahm sein Ruf bald zu und es kamen auch Patienten aus Amerika.

Eines Tages wurde er plötzlich vom Krankenbett weg verhaftet und eingesperrt. Anklage: Betrug und fahrlässige Tötung; Verhaftung wegen Fluchtverdacht und Verdunklungsgefahr.

Es ging nicht darum. Ein Arzt kann nicht fliehen, weil er im Ausland nicht mit einem deutschen Diplom praktizieren kann, sondern seinen Beruf aufgeben muss; und Dr. Issels hatte nichts zu verdunkeln, weil er den Beamten bei seiner Verhaftung seine Patientenkartei übergab. – Aber die 80 Patienten, die den Arzt verloren, wurden von Gerichts wegen fahrlässig einer Tötung ausgesetzt, denn Issels kam über ein halbes Jahr auch gegen eine in Dollar ausgebotene Blankokaution nicht frei – und das war etwa die Zeit, welche nötig war, um das Sanatorium finanziell zu ruinieren.

Der Prozess war dann nur noch eine Formalität. Sie ging für das Gericht allerdings übel aus. Der Kronzeuge der Anklage war ein ehemaliger Assistenzarzt Issels, der als Flüchtling aus dem Osten gekommen und von einem hohen Referenten der Münchner Ärztekammer in die Ringbergklinik rekommandiert wurde, damit er dort für den von langer Hand vorbereiteten Prozess Material gegen seinen Chef sammle.

Die Verteidigung brachte nun auf, dass dieser Kronzeuge nicht nur willig auf dies Spionageangebot eingegangen war, sondern auch gute Beziehungen zu finanzkräftigen deutschen Wirtschaftsstellen hatte und auf einer Fahrt nach Basel zu einem Mitverschworenen wortwörtlich erklärt habe: „Wenn dieser Issels so weiter macht, wird er noch den Schleier des Krebsrätsels lüften; da müssen wir ihm zuvorkommen und ich werde ihn fertig machen."

Ich erzähle hier kein Märchen, sondern zitiere, was eine Illustrierte damals öffentlich geschrieben hat. – Ein Arzt, der den hippokratischen Eid geschworen hatte, wollte einen anderen Arzt fertig machen, weil dieser daran war, das Rätsel einer tödlichen Krankheit zu lösen. Und dieser andere Arzt wurde vom Gericht verurteilt und finanziell ruiniert, damit er auf andere Gedanken käme, Über alles wurde öffentlich berichtet und das war in großen Zügen – alles.

Es liegt mir fern, irgendwen oder irgendwas anzuklagen. Es wäre vielleicht interessant, dem Gericht, der Ärztekammer, dem Kronzeugen gegen Issels und jenen Hintermännern, die ein so großes Interesse daran hatten, den Schleier über dem Krebsrätsel ungelüftet zu lassen, dass sie sich auf einen derart gefährlichen Prozess einließen, die bekannte Juristenfrage zu stellen: *Cui bono?* – Wem sollte dies dienen? – Welche Interessen standen dahinter?

Doch dies mag im Einzelnen eine spätere Zeit klären. Was uns hier vor allem interessiert, ist die Tatsache, dass es sehr viele – aber weniger bekannte – Issels-Prozesse gegen Ärzte an anderen Orten gibt; – wie z.B. gegen den Enderlein-Arzt Dr. S.…. [Name dem Herausgeber bekannt] in Hamburg – und das sich nur einige Wenige darüber wundern – sonst nichts.

Wenn man bedenkt, dass heute in unseren Breiten ein Viertel aller Menschen an Krebs vorzeitig sterben und ein weiteres Viertel an Kreislaufs Störungen, die oft nur ein Vorstadium der gleichen Krankheit im Blut sind und die ebenfalls mit den Enderlein'schen Chondriten heilbar sind; – wenn man weiß, dass die Schulmedizin rat- und machtlos diesen Übeln gegenübersteht und so gut wie jeder Einzelne entweder selbst oder durch den Tod eines lieben Verwandten persönlich von diesen Krankheiten betroffen ist; – dann taucht die Frage auf, wie es möglich sei, dass sich die Menschen – die sich doch über verschiedene kleinere Wichtigkeiten in einem Übermaß ereifern können – hier die beneidenswerte Ruhe aufbringen und still zusehen, wenn gerade jene Fachleute, die sich um wirksame Hilfe bemühen, aus dem Weg geräumt werden, sobald ihnen auch nur ein erster Erfolg vergönnt ist.

Nun – diese Frage ist gerade für das Krebs-Problem leichter zu beantworten als man meinen sollte. Wer selbst einmal einige Krebsfälle praktisch mit den aktiv wirksamen Enderlein-Mitteln behandelt hat, wird zu seinem nicht geringen Staunen bald herausbekommen haben, dass die Therapie technisch sehr einfach ist, ihre wesentliche Schwierigkeiten sich aber rein psychologisch zeigen.

Der Arzt gibt z.B. die erste Injektion, beobachtet gerade noch das positive Ansprechen auf dieselbe und – der Kranke verlässt ihn. Irgendwie hat dieser auf einmal das Vertrauen verloren; nicht nur das – der Behandler ist ihm plötzlich dermaßen unsympathisch geworden, dass er ihm die übelsten Dinge nachsagt. Er beginnt ihn zu hassen und seiner Gehässigkeit freien Lauf zu lassen. – Man steht vor einem Rätsel; aber der nächste Fall bringt – mit einigen Variationen – das Gleiche. Schließlich erlebt man, wie Krebskranke überhaupt nicht mehr in die Ordination kommen, sondern die lieben Kollegen aufsuchen, die nur Operation und Bestrahlung kennen – je mehr, desto besser. Alle Eingriffe dieser Art mit ihren sehr oft quälenden Begleitumständen nimmt der Krebskranke lieber in Kauf als die Immuno-Therapie. Und wenn er sterben muss, stirbt er, ohne seinen Behandlern je Gram geworden zu sein oder das Vertrauen zu ihnen verloren zu haben.

Dieses paradoxe Verhalten macht nachdenklich. Aber es ist nicht das Einzige, was bei dieser Krankheit psychisch paradox ist. Man hört des Öfteren die Frage, ob man einem Krebskranken sagen solle, dass er an dieser Krankheit leide. Ich stehe auf dem Standpunkt: Wenn er es verkraften kann, dann schon.

Die Frage scheint weniger, ob man es ihm sagen soll, sondern ob man diese Information vermitteln kann. Denn der Krebskranke ist seiner eigenen Krankheit gegenüber gewissermaßen desorientiert und es besteht gar nicht recht die Möglichkeit, ihn darüber angemessen zu orientieren. Was sich in seiner Psyche dabei abspielt und wie sie es macht, sich die Desorganisation des eigenen Leibes gleichsam von der Seele fernzuhalten und keine Kenntnis davon zu nehmen, das ist ein schwer zu lösendes Rätsel. Aber es gelingt ihr oft nicht nur den eigenen leiblich-sichtbaren Symptomen gegenüber, sondern auch jeder Form von lebensdienlicher ärztlicher Beratung und Aufklärung zum Trotz. Man kann z.B. einer an Brustkrebs leidenden Frau sagen, dass sie Krebs hat; die Frage ist, ob sie das auch zur Kenntnis nehmen kann. – Die Art, in der sie darauf antwortet und vielmehr noch die Weise, in welcher sie sich nach dieser Information verhält, erscheint, als habe man ihr nichts von Bedeutung gesagt. Es erweckt den Eindruck, als sei gar kein Eindruck erweckt worden; und wer genau beobachtet, wird vergeblich nach Methoden suchen, hier einen Zugang zur Seele des Kranken zu finden. Kein Todesstahl und kein Todesstrahl schlagen hier eine Bresche; aber es ist, als ob der Kranke eine besondere Vorliebe dafür hätte, sich gerade diesen brachialen Methoden auszusetzen; sie sagen ihm mehr zu.

Es ist vielleicht schwierig, sich das Verhalten dieser Kranken vorzustellen und so will ich einen solchen Fall skizzieren, der sich in meiner Ordination ereignet hat:

Bei einer Geschäftsfrau stellte ich vor Jahren einen Gebärmutterkrebs fest und schickte sie zur Operation in die Wiener Klinik. Sie wurde dort radikal operiert und nachbestrahlt. Nach etwa einem Jahr treten Metastasen in den Backenknochen – wie so oft im Bestrahlungskegel – auf und es kam zu einer Spontanfraktur des Beckens im Schambeinbereich, welche durch eine Röntgenaufnahme geklärt wurden. Ich zeigte der Patientin die gut sichtbaren Zerstörungen am Knochen und den Knochenbruch, sagte ihr, dass es sich um ein neuerliches Krebsgewebe handle und begann mit der Enderlein-Behandlung, die ich inzwischen kennen gelernt hatte. Die Patientin blieb nach der ersten Injektion weg und begab sich – wie ich bald von anderer Seite erfuhr – in das Institut Zeileis nach Gallspach, um sich dort wegen ihrer „rheumatischen Gehstörung" behandeln zu lassen. Der Fall wurde auch dort sofort richtig erkannt und ich bekam von einer Assistentin von Dr. Zeileis – ein Schreiben mit der schonenden Mitteilung, dass leider, … usw. Als ich zurückschrieb, dass mir dar Fall genau bekannt und von mir auch gar nicht – weder wegen Rheuma, noch wegen Krebs – zur Behandlung überwiesen worden war, sondern sich die Frau meiner Behandlung entzogen habe, obwohl sie und ihre Verwandten von mir über die Natur des Leidens aufgeklärt worden seien, bekam ich einen langen Brief von dieser Assistentin, in dem sie mir mitteilte, dass weder die Verwandten noch die Patientin etwas davon gewusst hätten und das sie erstere aufgeklärt und darüber zutiefst erschüttert angetroffen hätte. Der Kranken selbst habe sie natürlich nichts darüber gesagt, dass ein Krebsleiden bestünde. Zusammenfassend erklärte die Ärztin: Ein solcher Fall – gemeint war von Heuchelei, oder medizinisch ausgedrückt Dissimulation – wäre ihr in ihrer ganzen Praxis noch nicht begegnet (eine Praxis, die täglich mehrere Hundert Patienten umfasst).[18]

Selbstverständlich blieb die Patientin weiter meiner Behandlung fern; aber als sie

---

[18] Natürlich sind die Wege einer jeden Person, scheinen sie auch noch seltsam, erst einmal zu achten. Der hier umrissene Fall verwundert insofern vor allem auf der scheinbar überforderten Kommunikationsebene. Wer sich mit menschlichen und zwischenmenschlichen Problemen beschäftigt, der wird möglicher Weise zu dem Schluss kommen, dass sich seltsames und seltsamstes Verhalten und verwirrende Kommunikation nicht nur auf bestimmte Krankheiten beschränken. Menschen bewegen sich oft nicht rational und in Krisen wird das verstärkt erkennbar. Hier sollte man verstärkt auch auf systemische Einflüsse achten, wobei der Arzt, Helfer oder Berater auch so einen systemischen Einfluss darstellt. Wenn ein versierter Arzt ernst zu nehmende Erfahrungen macht, wie sich unterschiedliche Krankheiten auf die Psyche auswirken, soll das anregen, fürsorglich hinter die Kulissen zu blicken und über Unerwartetes nicht allzu überrascht zu sein. Nur könnte es sich um ein Ringen des „freien" Menschen gegen die aktivierte biologische Deszendenz handeln.

nach einem Jahr starb, wollte sie unbedingt mich für die letzten schmerz-stillenden Injektionen haben. – Wenn die Krebspsyche einen dämonischen Zug hat, dann hat sie mir in dieser netten Geste jedenfalls auf einzigartige Weise meine Ohnmacht zu verstehen gegeben. Ich hatte mit all meinen wirksamen Heilmitteln zusehen dürfen, wie ich nicht damit helfen konnte; und jetzt durfte ich das Ende mitansehen und musste aus Pietät obendrein den Mund halten.

Das ist das Gesicht dieser Krankheit, welche Johannes in seiner apokalyptischen Tierkreis-Symbolik *die Hölle* nennt, die dem *fahlen Reiter* nachfolgt, dessen Name *Tod* ist.[19]

Hier wird in der Tat ein Geheimnis offenbar, das nur der Irrenarzt an seinen Kranken erlebt – gleichfalls, ohne ihm wirksam beikommen zu können: der Tod und das Verstummen irgend eines seelischen oder geistigen Teilbezirks im Menschen, infolgedessen der Mensch auf diesem Gebiet nicht mehr ansprechbar geworden ist und es vielleicht auch nie wieder wird. Eine Saite seiner Persönlichkeit scheint gerissen. Solange wir ihn von außen her betrachten, ist nur wenig oder gar nichts davon zu sehen; erst wenn wir ihn auf seine volle Menschlichkeit hin ansprechen, scheinen wir wie zu einer leeren, ausgehöhlten Form zu sprechen, unter deren Oberfläche ein wesentlicher Teil menschlicher Natur gar nicht mehr antwortet, keine Resonanz mehr wiedergibt auf Ton und Stimme, der den Kontakt zu seiner menschlichen Bestimmung verloren hat und damit auch – verloren ist. Verzweifelt versuchen wir dann, jener Art Seelenblindheit oder Geistestaubheit mit all unseren Mitteln irgendwie beizukommen; und oft glauben wir auch, dass es uns gelingt.[20] Doch immer wieder täuschen wir uns; der Widerhall kommt von anderen Regionen und ist nicht der gesuchte. Die Saite bleibt gerissen und das Instrument an dieser Stelle ist erstorben – hoffentlich nicht für immer.

---

[19] Bibel – Die Offenbarung von Johannes 6:8
[20] Um dabei nicht in die Retter-Rolle (Täter – Opfer – Retter) zu fallen, ist eine systemische Betrachtung erheblich.

16.) Das Geheimnis der Bosheit

Es gibt kein Thema, über das so viel böses Blut. geflossen ist, wie über all das, was nach des Menschen Erkenntnis gut oder böse wäre. Wenn ich ein Buch über die Wissenschaft vom Leben schreibe, so tue ich das, weil ich es für gut halte. Wenn dies Unternehmen Widerständen begegnet, so erheben sich diese, weil jemand meine Arbeit für nicht gut hält, weil er diese vielleicht sogar für böse ansieht; oder zumindest, weil er aus irgendwelchen Gründen böse darüber wird.

Es hätte – um bei diesem Beispiel zu bleiben – sehr wenig Sinn, die Güte meiner Arbeit begründen zu wollen oder die Bosheit der Widerstände darzulegen. Wir können uns mit einer sehr allgemeinsam verbindlichen Feststellung begnügen:

Was gut ist, lässt sich immer sehr leicht und richtig daran erkennen, dass es auch wahr und wirklich und real ist. Es gibt keine einzelnen Regeln für das Gute, es sei denn die regulären Prinzipien von Natur und Kultur; und eine Erkenntnis des Guten ist das Wirklich-Wahrhaben dieser Prinzipien und der darin ihre Ordnung setzenden, realen Kräfte.

Hingegen lässt sich immer nur schwer durchschauen, was Böse ist. Hier hat man sich auch immer die größte Mühe gegeben, durch moralische Regelwerke und Satzungen zu einer einigermaßen brauchbaren Erkenntnis des Bösen zu kommen. Aber sie sind dem Menschen bis auf den heutigen Tag immer wieder umgestoßen worden; und am vernichtendsten und radikalsten durch Jesus Christus selbst. Er ist es ja, der nach dem christlichen Glauben und seinem eigenen Zeugnis das wahre Prinzip des Menschen – also das Gute – erfüllt hat. Und damit bleibt eigentlich für all jene Satzungen dem Bösen gegenüber kein Raum und kein Sinn mehr.

Wieweit Wort und Lehre Jesu wahre und wirklich reale Naturprinzipien aussprechen, ist ein eigenes Kapitel; ich kann hier nur meiner Überzeugung Ausdruck verleihen, dass dem so ist. Die Theologie mag das bisher anders gesehen haben, aber auch eine jede Wissenschaft hat ihr Thema bisher anders gesehen und ändert sich mit der Zeit und mit ihrer Lebensreife.

Dennoch hat Jesus das Böse nicht aus der Welt geschaffen, sondern es in der Welt belassen, damit es zu seiner Zeit gleichfalls ausreife und seiner Unart nach voll erkennbar werde. Erst wenn das Böse gleichsam seine Früchte zeitigt und mit diesen das Geheimnis der Bosheit voll aufbricht, wird uns sein Unwesen auch im vollen Umfange seiner Bedeutung klar werden können und wir werden es dann auch seiner Unnatur ganz zu fassen und zu beschränken wissen.

Bis dahin können wir uns lediglich darum kümmern, die Früchte des Guten gleichfalls zur Reife zu bringen und in dieser Hinsicht unsere Arbeit zu tun; und das Gute ist – ich wiederhole das – alles aus realen Kräften Wirkliche und der Weltordnung nach Wahre. Das Guts ist also immer ein Sein und niemals irgend ein irreales oder ideales Plansoll, das uns von irgend einem menschlichen Moralparagraphen diktatorisch in kategorischen Imperativ anbefohlen werden könnte.

Das ist gar nicht so leicht zu begreifen; aber versuchen wir's an einem Beispiel: Nach den 10 Geboten gilt es den moralischen Imperativ: *Du sollst nicht töten!* Eigentlich eine selbstverständliche Forderung. Kein Mensch will gern getötet werden; also soll auch keiner töten.

Aber in der Wirklichkeit unseres praktischen Lebens ist dieses Gebot *terminiert*, es ist *zeitlich* und *beruflich* begrenzt. – Es ist für den Beruf der Schlächter und Fleischhauer außer Kurs gesetzt. Es gilt ebenso wenig für den Soldaten im Krieg. Es gilt für keinen Menschen, der sich in Notwehr befindet und durch Insekten, Raubtiere oder Räuber in Gefahr geraten ist; und es hat eine Reihe beschränkte Gültigkeit für verschiedene andere Fälle, die teils geschriebenes, teils ungeschriebenes Gesetz sind.

Ich habe den zweiten Weltkrieg an der Ostfront mitgemacht und bin als Arzt und durch die Gnade des Himmels davor bewahrt geblieben, einen Menschen zu töten; aber ich war tausendmal in der Lage, getötet zu werden und alle meine Kameraden hatten die Aufgabe, tödlich anzugreifen und sich todbringend zu verteidigen. Es war das gegebene Gesetz der Zeit und der Lage. Die besten Soldaten, die ich je kennen gelernt hatte, waren Menschen von persönlicher Frömmigkeit, Menschen, die ganz einfach realistisch die Wirklichkeit wahrnahmen, wie sie gegeben war und in ihr am ganzen Handeln hingebungsvoll waren an das Gesetz der Zeit.

Ein Gleiches gilt – den Umständen nach – für jedes andere der zehn Gebote auch. Damit ist keineswegs die in den zehn Geboten ausgesprochene Wahrheit angetastet; aber es zeigt sich, dass diese nicht einfach einen zu erfüllenden

Sollbestand des Menschen meinen kann, sondern einen ontischen Tatbestand, ein Sein, das zeitlich ein bestimmtes Werden, Geschehen und Haben zeitigt, wie es die gute oder böse Natur des Menschen dann offenbar macht. Doch es liegt nicht in der Natur des Menschen, dies vollkommen selbst zu bestimmen. Wenn der Mensch etwas in der Hand hat, dann ist es die Alternative zur Güte.

Seine ganze moralische Freiheit besteht in der Hauptsache darin, realistisch die Wirklichkeit wahrzunehmen und wahrzuhaben, wie sie ist und seine Antwort darauf zu geben; in dieser Antwort kann er gut sein, gut werden, Gutes geschehen lassen und zu einem Gut-Haben kommen.

Doch es liegt nicht in seiner Hand, nicht böse zu sein, nicht böse zu werden, Böses ungeschehen zu machen oder nichts Böses an sich zu haben. Er kann dies natürlich mit allen zehn Geboten fordern; er kann sich und andere Menschen damit solche Ansprüche stellen. Er kann bei sich und anderen krampfhaft Fehler unterdrücken und bekämpfen. Aber er wird dabei mit dem Bösen nie fertig und am Ende wird das Böse mit ihm seinen Plan vollkommen erreicht haben: Den wirklichen und lebendigen Menschen zu einer heuchlerischen, angstverkrampften, misstrauischen Maske ausgehöhlt zu haben, die weder zu Bösem noch zu Gutem fähig ist; eine leere Hülle, die zu nichts taugt.

Dieser schleichende, geheimnisvolle Aushöhlungsprozess durch das Böse auf dem Wege moralischer Ansprüche, der aus dem lebendigen Menschen die leere heuchlerische Tugendlarve macht, ist das eigentliche Geheimnis der Bosheit.

Hierzu die bekannte Erzählung aus dem Matthäus-Evangelium:

> Das Himmelreich ist gleich einem Könige, der seinem Sohn Hochzeit machte und sandte seine Knechte aus, dass sie die Gäste zur Hochzeit riefen; und sie wollten nicht kommen. Abermals sandte er andere Knechte aus und sprach: „Saget den Gästen: Siehe, meine Mahlzeit habe ich bereitet, meine Ochsen und mein Mastvieh ist geschlachtet und alles bereit; kommt zur Hochzeit!" Aber sie verachteten das und gingen hin, einer auf seinen Acker, der andere zu seiner Hantierung. Etliche aber griffen seine Knechte, verhöhnten und töteten sie. Da das der König hörte, ward er zornig und schickte seine Heere aus und brachte diese Mörder um und zündete ihre Stadt an. Da sprach er zu seinen Knechten: „Die Hochzeit ist zwar bereit, aber die Gäste waren's nicht wert. Darum gehet hin auf die

Straßen und ladet zur Hochzeit, wen ihr findet." Und die Knechte gingen aus auf die Straßen und brachten zusammen, wen sie fanden. Böse und Gute; und die Tische wurden alle voll. Da ging der König hinein, die Gäste zu besehen und sah allda einen Menschen, der hatte kein hochzeitlich Kleid an und sprach zu ihm: „Freund, wie bist Du hereingekommen und hast doch kein hochzeitlich Kleid an?" Dieser aber verstummte. Da sprach der König zu seinen Dienern: „Bindet ihm Hände und Füße und werfet ihn in die Finsternis hinaus; da wird's ein Heulen und Zähneklappern; denn viele sind berufen, aber wenige sind auserwählt." (Mat. 22, 2–14)

Um diese Geschichte zu verstehen, darf man sich hier nicht ein Himmelreich aus *Goldschätzchens Märchenland* vorstellen, wo die Könige Papierkronen aufhaben. Es handelt sich um ein Gastmahl mit orientalischem Prunk und grenzenloser Gastfreundschaft; die Gäste erhalten selbstverständlich nicht nur eine fürstliche Bewirtung, sie erhalten auch Kleider aus der königlichen Garderobe. Und wenn der Gastgeber beim Eintreten in den Saal sieht, dass einer seiner Gäste sein Gastgeschenk mangelt, spricht er ihn nicht mit der Absicht an, ihn hinauszuwerfen, sondern um dies Versehen gut zu machen. Dies tut er ja bereits schon durch seine erste Anrede, die eine hohe Ehrung des betreffenden Gastes bedeutete. Sie hat auch heute bei solchen Empfängen noch die gleiche Note. Viel mehr noch bedeutet die Anrede *Freund*. Man hat heute keine rechte Vorstellung mehr, was ein *Amicus caesaris* – ein Freund des Kaisers, wie etwa Pilatus einer war, für einen solchen Titelträger bedeute: Es ist so ungefähr ein Freibrief, so ziemlich alles zu tun und zu sagen, was einem beliebt. Nur eines durfte man nie tun: Diesen Titel verspielen. Der so Angeredete hätte also jede Antwort geben können.

Doch da ereignet sich das Unvorstellbare: Der arme Teufel bleibt die Antwort schuldig. Ja, was noch schlimmer ist: Er, der offenbar im Gespräch mit seinen Nachbarn begriffen war, verstummte. Mit diesem Verstummen bricht irgend eine innere Verstümmelung auf, auf Grund welcher dieser Mensch sich für die hohe Ehre, die ihm geboten wird, als nicht ansprechbar erweist.

Juridisch hat er bestimmt kein Verbrechen begangen und im Sinne der zehn Gebote lässt sich ihm auch keine Sünde nachweisen. Er hat nichts gesagt und nichts getan! Weder etwas Böses noch etwas Gutes. Aber hier zeigt sich nun, wie das eigentliche Geheimnis der Bosheit darin besteht, dass der Mensch dem Leben die Antwort schuldig bleibt; dem Leben und dem Wort Gottes! Und diese schuldig gebliebene Antwort ist des Menschen ganze Schuld und aller Grund seiner Verdammnis. Er war berufen durch das Wort – aber er war nicht auserwählt.

17.) Das Krebs-Übel der Zeit

Es gehört zu den trübseligsten Erlebnissen dieser an wüsten Erschütterungen und finsterem Grauen reichlich hin und herwogende Zeit, auf jene innere Leere stoßen zu müssen, welche auf ein herausragendes Angebot die Antwort schuldig bleibt und verstummt. Denn die innere Leere, Öde und Taubheit ist bereits eine Art Abbild der Verdammnis.

Man mag sich darüber eine Weile hinwegtäuschen. Von außen kann man auch versuchen, eine rasche Warnung hinzuwerfen, um vielleicht doch noch eine Rettung in letzter Minute möglich zu machen. – Aber die Nichtansprechbarkeit auf geistige und biologische Werte ist ein sicheres Todeszeichen am lebendigen Leib.

Es ist gleichgültig, ob es sich um Fragen der Kunst, der Wissenschaft, ob es sich um Philosophie oder Religion handelt: Keine Antwort – kein Widerhall. Das ist in sehr breiten Schichten der heutigen Menschheit leider auch das einzige Ergebnis.

Dem Anschein nach wird natürlich sehr viel gesagt und getan. Aber wer es genauer betrachtet, erkennt sehr wohl, dass damit dennoch nichts gesagt und nichts getan ist. Die Seelen sind von einer alles überwältigenden, nichtssagenden Lauheit vergiftet, die zu keiner Begeisterung mehr fähig ist. Nichts Positives kann die Gemüter mehr erregen; wenn es irgendwo eine vorübergehende Erregung gibt, dann über eine Panne. So vieles wäre sagenswert, doch zu Tage kommt nur das Versagen.

Die Menschheit steht heute einem Angebot von Möglichkeiten gegenüber, wie es zu keiner Zeit je bestanden hat; und sie gibt heute alle Antworten, die Jesus bereits vor 2000 Jahren in seiner Hochzeitsgeschichte vorweggenommen hat. Zunächst die besonders berufenen Gäste des Königs: Es sind die Großen unter den Menschen, die Bekannten Gottes; also vornehmlich die Theologen und die mit seiner Schöpfung vertrauten Wissenschaftler. Sie zeigen keine Sehnsucht danach zusammenzukommen, sondern bleiben ein jeder bei seiner Hantierung. Ihnen zu zeigen, dass Naturwissenschaft und Religion eines sei, nämlich das große hochzeitliche und hoch zeitige Anliegen der Menschheit und des Menschensohnes, bedeutet nur, sich in ihren Augen lächerlich zu machen. So jemand ist ein unseriöser, lästiger Narr, den man auszuschalten versucht – durch totschweigen oder totschlagen, je nach Regime.

Die Geschichte – die von der Hochzeit und die der Menschheit – lehrt, dass sich das der König nicht gefallen lässt. Es gibt Krieg und verbrannte Städte. Dann erfolgt die Einladung an alle – an die Menschen von der Straße auf allen Wegen. Zu keiner Zeit hatte das Volk Möglichkeiten solcher Art wie heute: Freie Muße und Mittel zu geistiger und seelischer Bildung und Erbauung. Aber nun erweist es sich, dass ihnen das Wort des Geistes nichts zu sagen hat und sie ihm die Antwort schuldig bleiben[21]. Und sie versagen vor all seinem Sagen aus jener lumpigen und innerlich leeren Gesinnung, die in einer Hoch-Zeit nur eine Gelegenheit zu bestialischer Triebbefriedigung – zu Fraß, Rausch, Hurerei und faulem Zauber – sieht, aber die hohe Person des Königs in all seiner Güte übersieht.

Was bedeutet es, Gast des Königs zu sein, auf dieser Erde und zu dieser Zeit? Welch einen Sinn hat die Zeit für den Menschen, da er von ihm durch sein Erstes Wort angesprochen wird mit „Freund, wie bist Du hereingekommen und hast doch kein hochzeitlich Kleid an?"

Ist es nicht von höchster Bedeutung, die Bedeutung des Höchsten selbst und sein erstes Wort zu erleben und kennen zu lernen? Seit Menschengedenken stellen Wissenschaft und Weisheit die Sinnfrage: Was ist der Mensch? Und nun erhält er durch Wort und Tat in lebendigster Wirklichkeit die Antwort: Der Mensch ist Freund des Königs!

Ich habe mich – ebenso wie der König – oft gefragt: Freund, wie kommst eigentlich ausgerechnet Du dazu, über Dinge Bescheid zu wissen, die alle namhaften Leute vor Dir so gern gewusst hätten und doch nicht erfahren haben? Wie kommst Du zu dem Fest und hast doch kein hochzeitlich Kleid an? Bist Du nicht einer, von den armen Leuten? Dazu ein zerstreuter Schwachkopf, der nicht

---

[21] Nach 2000 Jahren ist das zentrale Gebot der Christenheit – die umfassende Fürsorglichkeit – kaum in der Umsetzung erkennbar. Sie ersetzt die 10 Gebote nicht nur, sondern bringt sie auch auf einer höheren Ebene zur Erfüllung. Der Mensch hat nicht mehr das Ziel, Gebote zu erfüllen, sondern seinen Nächsten liebevoll gegenüberzutreten und dienlich zu sein in dem Sinne: Einer trage die Last des anderen. So gleicht ein Team seine Schwächen aus und macht seine Stärken wirksam. Siehe dazu mein Buch: Das Team ist der Boss. Anmerkung des Herausgebers.

einmal weiß, wie er zu seiner Weisheit gekommen ist? -Wie vielen mag es heute so ergeben, aber sie alle haben keine Antwort als: Durch Deine Gnade, mein Herr.

Ich weiß nicht, wie das Versehen passiert ist, dass ich mich ohne Hochzeitskleid in der erlesenen Gesellschaft der Berufenen und Auserwählten finde und von höchsten Meistern der Menschheit unterrichtet werde, aber diese Frage kann ich nicht überhören und an der Antwort gibt es keinen Zweifel: Wenn es einmal wirklich so ist, dann war es eben genau so Gottes Wille und seine Gnade, die über meine armseligen menschlichen Verhältnisse geht. Und dann bedeutet seine Frage auch, dass er mir weiterhelfen will und nicht die Absicht hat, mich wieder hinauszuschmeißen.

Doch es gibt den Unmenschen, der sein eigener Herr und sein eigener Feind ist. Er kennt niemand anderen und dient niemand anderen als sich selbst. Und da er damit auch sich selbst nicht kennen und nicht dienen kann, ist er für – nichts. Und ein solcher kann auf jede Frage nur im Sinne seiner Nichtswürdigkeit antworten. Denn er kann sie auch nur im Sinne seiner eigenen abgründig tief versteckten geheimnisvollen Bosheit verstehen.

In diesem Sinne stellt uns das Wort des Königs vor die Alternative unserer Zeit. Sie ist eine Zeit menschlicher Höhe – eine – Hoch-Zeit. Blicken wir doch mal in die Geschichte der Menschheit zurück. Wann gab es jemals diese Möglichkeiten an geistiger und seelischer Bildung für alle Menschen, die aufgeschlossen genug waren? – Möglichkeiten an billigen und guten Büchern; an Rundfunk und Fernsehen; an Theater und Film? Wer erinnert sich heute, dass man in der Zeit Luthers noch für eine Bibel ein Vermögen hergeben musste, um das man sich heute eine Luxusvilla samt Einrichtung kaufen könnte.

Biologisch gesehen verpflichtet diese Hoch-Zeit zu geistiger Fruchtbarkeit und Niederkunft. Darum werden viele berufen. Wer ist dieser Berufung schon würdig?! – Wir alle sind Erben einer 6000 Jahre alten Menschheitsgeschichte und jener geistigen Lebenswerte, die Gott bis heute werden ließ. Wir alle haben nur die Chance, auf der Höhe unserer Zeit zu stehen, oder von ihr in eine abgründige Tiefe zu fallen, in der es nur Heulen und Zähneklappern gibt.

Eine andere Wahl haben wir heute nicht. Darum sind Angst, Krampf und Schwindel vor dieser Tiefe das große Krebs-Übel dieser Zeit; es ist nicht nur Hochzeit, es ist auch die Hölle los über einem bodenlosen, brodelnden Abgrund.

18.) Tier und Pflanze

Mit Cyclogenie und Systatogenie haben wir die Wurzel und den Wurzelgrund kennengelernt. Sie stellen die Tiefe dar, aus welcher das Leben zu seiner Höhe emporgewachsen ist. Doch diese Tiefe hat zum Grund jenes Fundament, das die Fundamentalbiologie sucht. Ein Bild von der Höhe des Lebens haben wir in jener Geschichte angedeutet, die mit den Worten beginnt:

> Das Himmelreich ist gleich einem König, der seinem Sohn
> Hochzeit machte .... (Mat. 22, 2)

Diese Hochzeit des Lebens stellt den in seiner geistigen Reife vollendeten Menschen dar, der sich der großen, alles umfassenden Lebensgemeinschaft unter dem Himmel auf dieser Erde bewusst geworden ist, sie in seiner Freude feststellt und zum Fest macht.

Ich glaube, nüchterner könnte auch keine biologische Naturgeschichte den Telos beschreiben, der im Menschen gipfelt; und ich wüsste auch nicht, welchen anderen Sinn eine irdische Kultur- und Geistesgeschichte der Menschheit haben könnte als eben diesen – oder eben gar keinen.

Zwischen der Höhe und der Tiefe des Lebens liegt das große Zwischenreich alles Lebendigen: Pflanzen und Tiere. Es ist bekannt, in wie vielfacher Weise Tier und Pflanze äußere Symbiosen oder Lebensgemeinschaften bilden. Es ist ferner bekannt, dass die Pflanzen mit der Erde (Systatogenie) und mit den Bodenmikroben (Cyclogenie)[22] – ebenfalls eine sehr enge und unmittelbar im Zusammenhang stehende Symbiose bilden, ohne welche jedes höhere Leben auf Erden undenkbar wäre; das Tierleben mit inbegriffen.

Es ist kaum bekannt, dass es eine ganz ähnlich geartete innere Symbiose zwischen den Mikro-Wesen der Systatogenese und der Cyclogenese im Tierreich

---

[22] Enderlein, Günther: Bakterien-Cyclogenie; Gruyter Verlag,
ISBN: 978-3-11-109858-6 https://t1p.de/8747p

gibt, welche von Enderlein auch sehr folgerichtig Endo-Biose genannt worden ist. – Man weiß zwar, welche vielgestaltige Rolle die Bakterien als Darmflora oder bei manchen Arten der tierischen Befruchtung spielen – vermutlich sogar bei der menschlichen. Aber eine generelle Endo-Biose aller Körperflüssigkeiten und Zellen wurde durch Enderlein erstmalig nachgewiesen und als biologisches Naturgesetz proklamiert.

Es ist nun eine seltsame geschichtliche, wie auch ontologische Tatsache, dass der biologische Sprung zwischen Pflanzenwesen und Tierwesen der weitaus größte im Lebensreich ist. Zwischen Systato-, Cyclo- und Phylogenese der Pflanzen gibt es nicht nur fließende Übergänge, die es schwierig machen, in dem ganzen Geflecht von Beziehungen einen genauen Trennungs-Strich zwischen den Wesen der einen und den anderen beiden Genesen zu ziehen; sie unterscheiden sich auch nach Art des Eiweißes, des Stoffwechsels und der Atmung viel weniger voneinander als von den Tieren. Und es ist auch erwiesen, dass sie geologisch alle ungleich viel früher nachweisbar sind als die Tierarten.

Diese drei unteren Gruppen stehen als Vertreter eines vegetativen und ungleich stabileren Lebens den Vertretern eines animalischen in zunehmenden Maße kinetischen und ungleich flüchtigeren Lebens gegenüber. Man kann ohne weiteres die Behauptung wagen, dass gerade das Menschenleben durch den Charakter einer extremen Bedürftigkeit und Verletzlichkeit geprägt ist; und dass es eben gerade Zeitsinn und Zeitbewusstsein sind, welche dieser Lebensart noch über alle Tierarten hinaus den Charakter der Flüchtigkeit des Daseins in besonderer Weise ins Leben gerufen haben. – Biologisch könnte man den Menschen daher auch als das Wesen bezeichnen, welches in jedem Lebensaugenblick zugleich das Sterben erlebt und sich gerade dadurch auch die notwendige Annahme eines ewigen Lebens in voller Bewusstheit vor Augen führen kann.

Wir können nun sämtliche biologische Schichten der Erde gleichsam zu einem Schichten-Gefüge zusammenfassen, wie es sich auch der Zeit nach als Natur-Geschichte aufgebaut hat und gelangen so zu etwa folgendem Bild:

7.)   Kultur- und Geistesgeschichte   - Menschen

6.)   Onto-Phylogenese   - Tiere

5.)	---	
4.)	Onto-Phylogenese	- Pflanzen
3.)	Cyclogenese	- Mikroben
2.)	Systatogenese	- Humus-Erde
1.)	Determiniertes Wesen	- Urgestein-Erde

Zwischen 4. und 6, haben wir willkürlich einen leeren 5. Platz gelassen, um den besonderen Sprung zwischen der Tier- und Pflanzenwelt besser hervorzuheben. Wer will, kann also auch ohne Weiteres von einem 6-Schichten-Gefüge sprechen.

In einem späteren Kapitel werden wir am Wesen der Fort-Pflanzung zeigen, durch welche genetischen Unterschiede sich die einzelnen Schichten am deutlichsten fassen lassen.

Angesichts dieser Naturordnung wollen wir jedoch einen Blick zurückwerfen auf die älteste Weisheit, die dem Menschengeschlecht in der Schrift überliefert worden ist. Es ist sicherlich nicht uninteressant zu erfahren, was die Menschen vor einigen tausend Jahren bereits über diese Dinge gedacht oder gewusst haben.

19.) Pflanzenkreis oder Tierkreis?

Und Gott sprach: Es sammle sich das Wasser unter dem Himmel an besonderen Orten, dass man das Trockene sehe. Und es geschah also. Und Gott nannte das Trockene Erde und die Sammlung der Wasser Meer. Und Gott sah, dass es gut war.

1. Und Gott sprach:
2. Es lasse die Erde
3. aufgehen
4. Gras
5. und Kraut,
6. das sich besame,
7. und fruchtbare Bäume,
8. da ein jeglicher nach seiner Art
9. Frucht trage
10. und habe
11. seinen eigenen Samen
12. bei sich selbst
13. auf Erden.
14. Und es geschah also.

Und die Erde ließ aufgeben Gras und Kraut, das sich besamte, ein jegliches nach seiner Art und Bäume, die da Frucht trugen und ihren eigenen Samen bei sich selbst hatten, ein jeglicher nach seiner Art. Und Gott sah, dass es gut war. Da ward aus Abend und Morgen der dritte Tag. Mose 1, 9-13

Es ist ein Zitat aus der sogenannten Genese, der Schöpfungsgeschichte der Bibel. Das 1. Kapitel umfasst die ersten 6 Tage, die man sich nicht nur als chronologisches Nacheinander vorzustellen hat, sondern vor allem als eine, der Natur gegebenen Rangordnung – ein Schichten-Gefüge, wie es das Wort *Ge-Schichte* eigentlich auch meint.

Wir hätten es hier also mit der 3. Schicht jener Schichtenordnung zu tun, welche in unserer umseitigen Naturgeschichte der Cyclo-Genese entsprechen würde; und wir sehen nun, wie das besonders hervorgehobene Wort in der Tat mit einem einzigen Satz einen Kreis von Erde zu Erde beschreibt. Es ist das geistige Gesetz, dem die Erde dann tatsächlich folgt und ihre Pflanzen hervorbringt – als die 3. Schichte unserer Naturgeschichte.

Wer die Genesis nun weiter liest, erlebt etwas sehr Merkwürdiges:

> Am 4. Tag werden erst die Gestirne geschaffen, samt Sonne und Mond.

> Am 5. Tag kommen die Tiere des Wassers und der Luft hervor.

> Am 6. Tag entstehen die Tiere der Erde und der Mensch.

Wir haben also auch hier zwischen der Tierwelt und der Pflanzenwelt eine eigene Schicht dazwischengeschoben und – den Unterschied hervorhebend – die Gestirne. Hernach ist dann von dreierlei verschiedenen Tierwelten die Rede und schließlich vom Menschen.

All dies kann man als urbildliche Darstellung des Weltgesetzes sehen. Denn erst am 7. Tag betritt der wirkliche Mensch – der Adam – den irdischen Schauplatz der Geschichte; und erst mit dem 7. Tag beginnt die Zeit und damit das Erdenleben zu laufen. Bei den ersten 6 Tagen bedeutet *Tag* eigentlich der Name des Lichtes – das heißt es handelt sich um besondere weltgesetzliche Aspekte, von denen jeder in seinem *besonderen Lichte* erscheint. So der 1. Tag unter dem Aspekt des Lichtes selbst aus der Geisteskraft des Wortes Gottes und der Scheidung gegenüber der Nacht durch den Lebenshorizont. So der 2. Tag unter dem Aspekt des Himmelsraumes, welcher als die Feste erklärt wird, was etwa bedeutet der feste Grund aller ersichtlichen Wandlung durch dauernde Weltgesetze.

Der 3. Tag ergibt sich dem gegenüber ganz einfach als Gesetz des Wandels der Dauer gegenüber; und das ist primär terminiertes Zeitausleben auf Erden innerhalb eines Kairos.[23]

Und erst der 4. Tag bringt das determinierte Gesetz zum Vorschein, das im Wandel der Gestirne am deutlichsten zum Ausdruck kommt und sein bedeutendes Licht zurückwirft auf die ersten drei Tage, welche wir nun zwanglos als Fundamente unserer Prinzipien erkennen[24] von:

1. Zahl
2. Raum
3. Zeit

Wer sich dies Ganze vor Augen führt und die lapidare Kürze betrachtet, in der all diese weltgestaltenden und gewaltig schwierigen Gedanken in den denkbar einfachsten Worten hingestellt werden, der mag wohl einen Begriff von dem Wunder des Wortes bekommen, das über jedem anderen Lebenswunder und über jedem Wunder der Natur steht.

Jedenfalls bekommen wir aber den Eindruck, dass Menschen, die eine solche Weisheit aufgezeichnet und bewahrt hatten, Meister waren, die ihresgleichen heute nicht leicht zu finden sein werden. Wir sollten nicht darauf verzichten, bei ihnen in die Schule zu gehen, da wir einen brauchbaren Maßstab für unser eigenes modernes Wissen suchen.

Über das Alter der Genesis streiten sich heute noch die Gelehrten. Man behauptet, der erste Teil sei viel junger, als jener, der mit dem 7. Tag beginnt. Er wäre überhaupt erst in der babylonischen Gefangenschaft der Juden zur Genesis hinzugekommen, also könne der tausend Jahre ältere Mose gar nicht der Autor sein. Ich halte solche Fragen für untergeordnet angesichts jener alles überragenden Bedeutung des Textes. Aber immerhin ließe sich vorstellen, dass eine mosaische Geheimlehre, die man nur in mündlicher Überlieferung aufbewahren durfte, in den unsicheren Zeiten der Gefangenschaft dann endlich der Schrift

---

[23] Wir sehen hier den geistigen Plan als Zeitplan mit dem Sinn für die rechten Momente (Kairos) aufkommen. Wie beim Maya-Kalender finden wir zyklische und lineare Aspekte des Planes. Ist dieser geistige Plan die initiale Quelle der Zeit? – Anmerkung des Herausgebers

[24] Im späteren Modell des Autors und auch im darauf aufbauenden Modell der Quanten-Matrix des Herausgebers sind es 4 abstrakte Strukturkategorien für die Prinzipien von Zahl, Raum, Form und Zeit.

übergeben wurde. Das 1. Kapitel Mose ist der Schlüssel des Ganzen – der Schlüssel der Welterkenntnis und der Schlüssel zum Verständnis der ganzen übrigen Schrift. Es ist wahrscheinlicher anzunehmen, dass der Urheber des Schlüssels der gleiche ist, wie jener des Schlosses; und dass man den Schlüssel erst preisgab, als Gefahr bestand, die astrologische Weisheit der Chaldäer könne das eigene Erbgut der Väter in ein Schattendasein drängen.

Auch die Chaldäer – oder Babylonier – kannten das Gesetz des Kairos und wahrscheinlich ist es den Griechen von dort her auch bekannt geworden. Doch bei ihnen hatte es nicht mehr jene urbildliche Form eines Pflanzenkreises, sondern fand zur Symbolik eines Tierkreises.

Letzterer setzte sich auch bis auf den heutigen Tag durch. Er stellt jedenfalls eine Symbolsprache dar, die auch schon im Altertum von allen Völkern verstanden wurde. So finden wir denn auch in der Offenbarung des Johannes einen nach christlichen Gedanken abgewandelten Tierkreis. Ein Vergleich all dieser Kreise lohnt sich und so will ich sie kurz nebeneinander stellen:

Chaldäer	Mose	Johannes Offenbarung	Enderlein
Tierkreis	Pflanzenkreis	Biblischer Tierkreis	Cyclogenese
1. Steinbock	Es lasse die Erde	Schwert des Reiters auf dem roten Pferd	Protit – Ur-Teilung der Lebenseinheit
2. Wasser-mann	aufgehen	Tier mit dem Antlitz wie ein Mensch	Chondrit
5. Fische	:	Reiter auf dem fahlen Pferd: Tod	Spermit und Symprotit (Mych)
4. Widder	Gras	Krone des Reitern auf dem weißen Ross	Mychit
5. Stier	und Kraut,	Kalb	Thecyt
6. Zwillinge	das sich besame	Reiter auf dem schwarzen Pferd	Bakterien, mind. 2 Kerne

7. Krebs	und fruchtbare Bäume	Hölle	Mycel (Pilz-Geflecht, Krebsurheber)
8. Löwe	da ein jeglicher nach seiner Art	Löwe	Gonidien
9. Jungfrau	Frucht trage	Reiter auf dem roten Ross	Gonidie mit reifen Goniten (Sporen)
10. Waage	und habe	Waage des schwarzen Reiters	Dauerformen der Sporen
11. Skorpion	seinen eigenen Samen	Adler	Systasen der Systato-Genese
12. Schütze	bei sich selbst	Reiter auf dem weißen Ross	systatogenetische Chondrite und Wandelfomen
1. Steinbock	auf Erden.	Schwert	Protit

Ich habe die Übereinstimmungen an anderer Stelle im Einzelnen ausgeführt. Hier kann es mir nur darum gehen, in großen Zügen aufzuzeigen, welche Sinnrichtungen des Kairos bei den einzelnen Darstellungen jeweils gemeint sind und deutlich werden sollen.

Wer heute den Tierkreis und seine Tiere aufzählt, wird sich zunächst überhaupt schwer vorstellen können, dass darin irgendein Sinn stecken könnte. Ein Vergleich mit dem Tierkreis der Apokalypse aber führt einmal zu folgender Klärung: Dieser biblische Tierkreis hat nur vier Tiere:

Löwe

Kalb (Stier)

Mensch (Wassermann)

Adler (Skorpion)

Sodann vier Reiter:

weißes Pferd (Schütze)

rotes Pferd (Jungfrau)

schwarzes Pferd (Zwillinge)

fahles Pferd (Fische)

Mit je vier Geräten:

Krone (Widder)
Schwert (Steinbock)
Waage
Hölle[25] (Krebs)

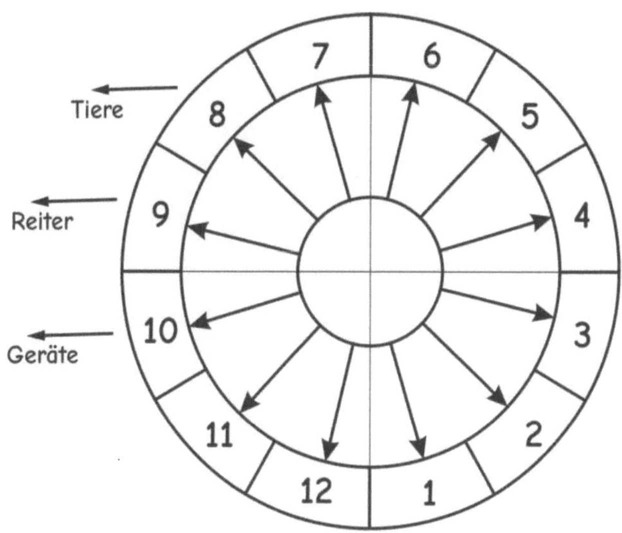

Abb. 7: Die unterschiedlichen Elemente des Tierkreises aus der Sicht der Offenbarung von Johannes.

Wer den Tierkreis daraufhin ansieht, findet in Bezug auf die Reiter des biblischen Tierkreises ja auch keine Tiere (mit Ausnahme der Fische), sondern ein menschliches Viereck. Unter den Geräten ist nur unzweideutig die Waage ein solches. Bei näherer Betrachtung kann aber auch der Aries nicht als Schafbock, sondern als Sturmbock oder Mauerbrecher angesehen werden – also als militärisches Gerät für den Angriff auf Festungen. Dass mit dem Krebs eher die Krankheit als das harmlose Flusstier gemeint sein dürfte, habe ich bereits angedeutet. Auch der Steinbock und die Fische dürften Missverständnisse

---

[25] Eventuell Abstiegselement, Deszendenzauslöser, siehe Cyclogenese – Anmerkung des Herausgebers

ähnlicher Art sein, die ich aber nicht aufklären kann.[26]

Jedenfalls ergibt sich dadurch das Ordnungsbild einer dreifachen Vierheit wie sie sich in den dreimonatlichen Vier-Jahreszeiten widerspiegelt.

Demgegenüber erweisen sich Pflanzenkreis und Cyclogenese insofern als miteinander verwandt, als beide auf den ersten Blick das im Jahr waltende Sinngesetz von Aszendenz und Deszendenz in je sechsschichtigen Entwicklungsstufen erkennen lassen.

---

[26] Es geht hier gar nicht darum, ob die Begriffe das tatsächlich hergeben. Der Autor hat eine Ordnung vermutet, die ihre Stimmigkeit in Begriffen dieser Art hätte. Jetzt geht es darum, dieser Ordnung einen innovativen und kreativen Raum zu geben, um sie nachfolgend auszuwerten. Anmerkung des Herausgebers

20.) Das Leben und seine Gezeiten

Ob wir den Jahreskreis einen *Kairos* – einen Tierkreis oder einen Pflanzenkreis nennen; – ob wir von einem Zeitkreis, einem Lebenskreis, von einer Cyclogenese oder von Biorhythmus sprechen; – die Tatsachen, die wir dabei ins Auge zu fassen haben, sind die biologischen Gezeiten und diese sind astronomisch nicht anders fassbar als dies schon die alten Astrologen getan haben, nämlich am Lauf der Gestirne – vor allem am Lauf der Sonne und des Mondes.[27]

Dass wir heute in der Naturwissenschaft hauptsächlich darauf beschränken, den Einfluss der Sonne auf das Erdenleben zuzugeben; die Einflüsse des Mondes auf Wetterlage, Klima und die Meeresgezeiten eher nebenher zu erwähnen und über die Einflüsse der übrigen translunaren Gestirne zu spotten belieben, das dürfte in einem Zeitalter, welches sich mit der Messung von kosmischer Strahlung so intensiv befasst und das z.B. auch den Van Allen Gürtel entdeckt hat, eigentlich nur noch als ein Zeichen der geistigen Rückständigkeit oder Denkunfähigkeit angesehen werden.

Aber auch wenn es die Wissenschaft – einschließlich der christlichen Theologie – nicht wissen will; es ist genauso wie es in der Bibel steht: Wir können uns mit den Gesetzen des tierischen Lebens nicht befassen, ohne auch die Gesetze des Pflanzenlebens zu studieren. Und wir können die Gesetze des Pflanzenlebens nicht studieren, ohne uns mit den Gezeiten der Lichter zu befassen, von denen die ganze Pflanzenwelt und damit eben auch die Tierwelt abhängt. Mit anderen Worten: Eine Biologie ohne eine Lehre von den Gestirnen und ihren Gezeiten ist undenkbar.[28]

Dass die Wissenschaft heute von den Methoden der alten chaldäischen Astrologie nichts hält, hat mit dieser Tatsache überhaupt nichts zu tun. Es ist gleich-

---

[27] Der sichtbare Sternenhimmel ist die natürliche und einzig sinnvolle Uhr für jene, die Zeiträumen ernsthaft betrachten wollen. Selbst eine Atomuhr ist nur als Taktgeber anzusehen. In der möglicherweise unlösbaren Verbindung von Zeit, Ursprungsterminierung (*origio*) und Lebenssinn (*telos*) kommt das noch einmal mehr zur Geltung. – Anmerkung des Herausgebers

[28] Das erinnert an die früher üblichere Personalunion von Arzt und Astrologe. – Anmerkung des Herausgebers

gültig, ob sie über die moderne Astronomie oder über eine Statistik zu einer Gezeitenlehre kommt – so wie z.B. Fließ und Swoboda[29] zu ihrer Biorhythmen-Lehre gekommen sind, mit den besonderen Perioden von 23 und 28 und 33 Tagen.

Denn im Prinzip handelt es sich bei den biologischen Rhythmen um den gleichen Tatbestand wie bei der Wellenlehre in der Physik; und auch in der Physik kann man die Wellengesetze nicht mit der Begründung ablehnen, dass man hierbei auf Zahlengesetze stoße, welche schon alte kabbalistische Systeme irgendwie gekannt und verwandt hätten, die man wissenschaftlicherseits als unsympathischen Aberglauben abtun würde mögen.

Wenn es sich hierbei überhaupt eine relevante Frage auftut, dann ist im Grunde nur eine interessant: Sind elektromagnetische Wellen und biologische Lebensperioden nur ihrem mathematischen Prinzip nach gleich – nämlich als Sinuskurven, bei denen lediglich ein quantitativer Unterschied besteht, messbar hinsichtlich der Länge der terminierten Zeit; – oder sind diese beiden Arten von Wellen nicht etwa auch sonst das Gleiche? Ließe sich letzteres mit eindeutiger Sicherheit nachweisen, dann wäre das ein Beweis dafür, dass es einen prinzipiellen Unterschied zwischen der Kraftartung oder Energie von Materie und Leben gar nicht gibt.[30]

---

[29] Der Arzt und Biologe Dr. Wilhelm Fließ fand - wie unabhängig davon der Psychologe Dr. Hermann Swoboda den Körper- und Seelenrhythmus von 23 und 28 Tagen heraus. Der Ingenieurwissenschaftler Dr. Friedrich Teltscher entdeckte gemeinsam mit Prof. Rexford B. Hersey den Geistrhythmus (Mentalen Rhythmus) von 33 Tagen.

[30] In meinem Buch „Tanz der Quanten" versuche ich eine Antwort auf diese Frage zu geben, bzw. diese Frage mit dem Modell der Quanten-Matrix beantwortbar zu machen. Dabei unterscheide ich zwischen Krafteinflüssen und Machteinflüssen. Diese unterliegen dem NT-Axiom (Non-Transmission-Axiom). Anmerkung des Herausgebers

21.) Materie und Leben

Wenn wir die klassischen Naturwissenschaften heute nach einem Unterschied zwischen Materie und Leben fragen, werden wir nicht leicht eine brauchbare Antwort bekommen. In den Kausalwissenschaften hat man die Grenze erreicht, bei der die sogenannte Akausalität oder Indetermination im Bereich der Materie beginnt; und man ist noch nicht so weit zur Erkenntnis gekommen, dass damit nichts anderes als der negative Begriff von *Terminierung* und einer positiven Termino-Logik gefunden worden ist, welche grundsätzlich dem Bereich des Lebens angehört.

Eine kairologische Terminierung im Bereiche der Materie würde – wie man heute bereits zu ahnen beginnt – nichts anderes bedeuten, als dass auch die Materie zum Lebensreich gehört. Das dürfte sich als eine Tatsache erweisen, um die man in Zukunft nicht mehr herumkommen wird. Das Verwirrende daran ist lediglich, dass sie im Widerspruch zu einem bestimmten Vorurteil des vorigen Jahrhunderts steht, welches den Fachgelehrten zur Denkgewohnheit geworden ist: Sie sahen in der determinierten Materie das gegebene Weltfundament und im Leben einen daraus abgeleiteten Tatbestand.

Nun aber ergibt sich das terminierte Leben als das tiefere und umfassendere Weltfundament und die determinierte Materie als der lediglich sekundäre oder statische Tatbestand, welcher sich daraus ableiten lässt. Diese Stringenz stößt das Vorurteil und sein ganzes materialistisches Weltbild auf eine höchst überraschende und verwirrende Weise um. Man ist noch lange nicht so weit, sich dies all seinen notwendigen Konsequenzen nach klar eingestehen zu wollen und zu können.

Doch um zu einer Wissenschaft vom Leben zu gelangen, bleibt kein anderer Weg als dies Eingeständnis; zumal es ja auch die einzige Möglichkeit ist, eine Wissenschaft von der Materie zu retten und in ihren klaren Grenzen zu erhalten.

Ich möchte zeigen, dass dies in Wahrheit sehr einfach und leicht ist, wenn man sich an die der Natur gegebene geistige Rangordnung hält. Sie ist ja schon auf einzigartige Weise in den Naturfundamenten der Genesis als 6-Tage-Ordnung ausgesprochen. Auch hier hat das Leben, das am 3. Tag geschaffen wird, den Vorrang über die Materie – die Gestirne oder Himmelskörper – die am 4.Tag geschaffen werden; und diese wieder über die tierischen Lebewesen des 5. und 6. Tages.

Zusammen mit den zwei ersten Tagen erweist sich also die Fundamentalordnung der Natur in folgenden 6 Schichten:

6.) Tiere der Erde und der Mensch

5.) Lebewesen in Wasser und Luft

4.) Gestirne oder Himmelskörper (Materie)

3.) Gesetz des Zeitauslebens auf Erden

2.) Gesetz der Feste und des Himmelsraumes

1.) Geistiges Grundgesetz des Lichts = Kraft[31]

Aus dieser Ordnung wird sofort eines ersichtlich: Gewiss bestehen die Lebewesen alle ihrem körperlichem Soma nach aus Materie und bauen sich chemisch aus den Stoffen der Himmelskörper auf. Diesen Tatbestand hat ja auch die Naturwissenschaft mit erschöpfender Deutlichkeit nachgewiesen. Nur handelt es sich eben bei dieser determinierten Materie nicht um ein letztes Daseinsfundament. Unter diesem Fundament wird ein weiteres ersichtlich, welches dem terminierten Wesen des Lebens und seinem Grundprinzip angehört.

Die Materie ist ein determinierter Zeit-Raum-Zusammenhang, für den das Prinzip der Kausalität und damit der Ursächlichkeit gilt; Darunter gibt es noch einen geistigen Sinnzusammenhang des Raumes, für den das Prinzip der Genialität und damit der Urteilungs-Fähigkeit ausgesprochen ist.

Und als zusammenfassendes erstes Prinzip der Kraft der Mit-Teilung durch das Wort des Geistes und durch das Licht und damit das Gesetz jener Einheitlichkeit,

---

[31] Die Unterscheidung zwischen physikalischer Kraft und geistiger Macht mag auch hier interessant werden. Licht als Umschreibung oder Analogie zur schöpferischen Macht. – Anmerkung des Herausgebers

die zur Ordnung oder Ein-Teilung überhaupt im Stande ist und die das Eine und Erste ist, aus dem alles Zweite und Dritte hervorgeht: Das Prinzip der Zahl und all dessen was zählt und erzählt wird.

Daraus ergibt sich jener, im wahren Sinne des Wortes grundlegende Unterschied zwischen Materie und Leben als ein Unterschied zwischen einem determinierten Zeit-Raum-Komplex (der eben Materie heißt) und einer terminierten Zeit, deren Gezeitenprinzip die Lebenszeit und deren Gezeitensinn das Zeitausleben ist.

Solange wir determiniert denken, denken wir im Sinne der Materie oder materialistisch. Ein solches Denken ist keineswegs falsch, wohl aber insofern beschränkt [bzw. trivialisierend oder reduktionistisch, Anmerkung des Herausgebers] als es nur auf einen beschränkten Spielraum des Daseins mit voller Gültigkeit anwendbar ist, nämlich auf den determinierten Zeit-Raum. Falsch wird es freilich, wenn man es darüber hinaus anzuwenden trachtet und alles damit zu erklären vermeint; denn dies würde bedeuten, über den Bereich des sinnvoll Möglichen hinausgegangen zu sein.

Sobald wir terminologisch zu denken beginnen, denken wir bereits im Sinne des Lebens oder eben biologisch. Auch ein solches Denken hat seinen begrenzten Spielraum, denn es hat nur Sinn, solange es sich im Gezeitenkreis und innerhalb der biologischen Gezeitenordnung bewegt, die wir Geschichte oder Genese nennen: Die Zeit zwischen Lebensursprung und Lebensziel oder zwischen *origo* und *telos*.

Es dürfte schwierig sein, eine andere sinnvolle Ausdifferenzierung zwischen Leben und Materie zu finden, aber es bleibt der Wissenschaft natürlich vorbehalten eine solchen zu suchen.

22.) Die Fortpflanzungsweisen

Die erste Fortpflanzungsweise, die wir kennen gelernt haben, ist die Ursprungsteilung des Protits. Sie ist bei sämtlichen Bakterien bis zu den Mycelien und Hefen üblich und man hat die letzteren aus diesem Grund auch Spaltpilze genannt. Selbst bei höheren Lebewesen kommt die Ursprungsteilung vor und bleibt bis zu den höchsten biologischen Tier- und Pflanzenarten eine der einzelnen Zelle charakteristische Fortpflanzungsweise.

Wir haben schon betont, dass diese Ursprungsteilung nicht nur im Sinne einer Vermehrung aufgefasst werden darf. Die Vermehrung ist wohl eine optische Tatsache, die nicht übersehen werden kann, aber wo wir es mit Lebensvorgängen zu tun haben, muss darin immer auch das kairologische Moment einer Aszendenz oder Deszendenz irgendwo nachweisbar sein als das genetische Element der Wandlung.

Beim Protit wird die Ursprungsteilung nur den Sinn einer Mehrung oder Aszendenz haben können; bei den höheren Zellen wird man auch die Möglichkeit einer Deszendenz oder Minderung berücksichtigen müssen. Inwiefern es einen Sinn hat, auch beim Ausweichen von Protiten in die Systatogenese von einer Deszendenz zu sprechen, wird man erst dann richtig beurteilen können, wenn man die grundsätzliche kairologische Organisation der gesamten Materie erkannt haben wird. Hier ist die Quantenlehre auf die richtige Spur geraten. Das Atom ist als das Modell eines Kairos aufzufassen, wobei die Schrödinger'sche Konzeption fast schon die ganze Lösung dieses Problems bietet.

Unsere Deutungen halten sich lediglich an die Aspekte, die bisher tatsächlich zur Beobachtung gekommen sind; und hierbei müssen wir uns vor allem vollkommen klar machen, dass wir tatsachenorientiert die Perspektiven auffinden wollen, die ihren Fluchtpunkt im biologischen Fundament der Lebensgrundgesetze haben; und diese sind – wie alle übrigen Naturgesetze – geistiger Art; es sind gleichsam die gegebenen Weltspielregeln, an welche sich Wesen und Dinge halten. Sich nicht an sie zu halten und von ihnen nichts zu halten, hat nur des Menschen Verstand seine zweifelhafte Freiheit.

Schließen die Kausalwissenschaftler in der Weise ihrer Logik von den Tatsachen auf die Ursachen, so schließen wir als Biologen von den Tatsachen auf die Ursprünge. Das ist prinzipiell der ganze Unterschied. Beides – Ursachen wie Ursprünge – gehören zu den geistigen Gesetzen oder Fundamenten der Welt und können nur perspektivisch erschlossen, nie aber aspektivisch gesehen werden.

Die zweite Fortpflanzungsweise ist die Spermit-Mych-Kopulation, welche Enderlein scharfsinnig als geschlechtliche Kopulation gedeutet hat, und zwar noch bevor D'Herelle mit seiner Fehldeutung „Bakteriophagie" kam, die mehr Anklang fand und bis heute nicht revidiert worden ist. Auch die Elektronen-mikroskope haben inzwischen erwiesen, dass es sich bei diesem Vorgang nicht um ein Gefressen-Werden des Bakteriums durch den winzigen Phagen handelt, sondern um einen genetischen Vorgang von entscheidender Bedeutung: Der Phage – bzw. das Spermit – spritzt seinen Inhalt in den Zellleib der Mikrobe und löst deren Kern in eine große Anzahl winziger Plasmakugeln auf, die nach Platzen der Hülle springlebendig auseinanderstreben und sich verteilen.

Es sind oft bis zu hundert Stück derartig ausgestreuter Samenkörner, die alle wieder zu Spermiten werden und an anderen Mikroben das gleich Spiel wieder-holen können. Man schrieb das Jahr 1916, als Enderlein dies publiziert hatte.

Wir schreiben heute das Jahr 1964. Es beginnt sich allmählich herumzusprechen, dass hier ein fundamentales Heilprinzip entdeckt worden ist. Man spricht zwar nicht mehr von Bakteriophagie sondern von den Desoxyribonukleinsäure-Injektionen der „Phagen" und windet sich in geschraubten Strukturen bis zu den Gen-Mutationen der Chromosomen hinauf. Nur – das Kind darf nicht bei seinem wahren Namen genannt werden, denn der Mann, der ihm diesen Namen gegeben hat, ist tabu.

Ich weiß aus praktischer Erfahrung und theoretischer Überlegung, dass die Spermit-Mych-Kopulation das immunbiologische Heilprinzip ist; ich weiß, dass man auf dem Wege dieser Kernspaltungen und Kettenreaktionen die meisten Krankheiten ebenso bereinigen kann, wie die Natur ihre fließenden Gewässer damit reinigt; ich weiß, dass auch noch viel Wasser zum Meer fließen wird, bis man diese Reaktion nach allen Regeln biologischer Steuerungskunst so weit in den Griff bekommen wird, dass die Medizin damit zu einem reinen Vergnügen werden könnte; dass in der Humoral-Pathologie[32], die sich dieser Heilwege und Heilweisen bedienen wird, die ganze innere Medizin der Zukunft steckt; – aber[33] ich weiß nicht, wer die schwarzen Listen schreibt, auf denen ein geheimnisvolles Feme-Gericht seine großen Tabus verhängt. Es steckt jedenfalls einiges an Bosheit darin. Und diese steckt immer mal als verdrehender „Instinkt" in jedem Menschen, der sich der Wahrheit und ihrem Geist gegenüber verschließt; und er spricht dann im Krebsforscher die gleiche Sprache wie im Krebspatienten.[34]

Die dritte Fortpflanzungsweise ist jene, von welcher das Wort *fort-pflanzen* eigentlich seinen Sinn hergenommen hat: die Pollenbesamung der Pflanzen. In der Botanik hat man diese in ungebührliche Analogie zur tierischen Zeugungsbefruchtung gebracht und sie daher in sinnwidriger Weise missverstanden. Schon die Fortpflanzungsorgane der Pflanzen – Blüte und Frucht – verraten rein optisch einen gänzlich anderen Sinn als die tierischen Genitalien. Jene werden wie die bunte Krone des vegetativen Lebensorganismus repräsentativ zur Schau gestellt; diese werden an die unscheinbarsten Orte des Leibes verlegt, wo sie gleichsam seinen dunkleren Pol darstellen.

Die Beobachtung des Vorganges lehrt, dass die Pollenbesamung keine Kopulation ist. Wohl ist der Blütenpollen die reife männliche Keimzelle der Pflanzen, aber er findet weder auf dem Stempel noch im Fruchtknoten der Pflanze eine reife weibliche Keimzelle, mit der eine Kopulation möglich wäre; er wirkt lediglich vom Augenblick der Befruchtung an zur Bildung einer weiblicher Keimzelle im Fruchtknoten anregend: und so entsteht die Pflanzenfrucht mit dem

---

[32] Lehre der Körpersäfte und ihre Bedeutung für die Gesundheit. Sie entstand bereits in der Antike. In der traditionellen indischen Aryurvedischen Medizin gibt es Entsprechungen. Heute würde man wohl darauf einigen können, dass das Milieu über Gesundheit und Krankheit entscheiden kann.

[33] Mittelalterliches Sondergericht zur Sicherung des Landfriedens [veime = Strafe]

[34] Mit dem GFK-plus Kulturentwicklungsmodell habe ich eine Antwort auf diese Frage gesucht. Auf der ersten und dominanten Kulturstufe führt der Herdentrieb den Verstand am Ring durch die Manege und das führt dann zu seltsamen Blüten, auch in der Wissenschaft. In den funktionalen Kulturen ist es dann oft finanzielles Interesse, das in der Gier wurzelt und das den selben Effekt auf den Verstand hat. Erst in einer fürsorglichen Kultur kann sich eine interaktive Intelligenz entfalten.

weiblichen Samen, der seine Bestimmung gleichfalls nicht in einer Kopulation hat, sondern in der Erde.

Die Reifezeiten der beiden Pflanzenkeimzellen liegen kairologisch um eine halbe Entwicklungsperiode auseinander, so dass es nie zu einer Kopulation kommen kann, sondern eben zu jener – im wahren Sinne des Wortes Fort-Pflanzung in Form einer Gezeitenwelle, deren oberer Pol der Pollen und deren unterer Pol der Samen ist. Im Jahres-Zyklus liegen hierzulande die beiden Monate einander genau gegenüber, die entscheidend für die Funktion dieser beiden Keimelemente sind: Der starke Blütenmonat für den Pollen ist Mai (Frühjahr) und der Monat, da sich viele Samen in die Erde betten ist November (Herbst).

Männliches und weibliches Zusammenwirken bilden hier kein Miteinander, so wie bei der tierischen Zeugung, sondern ein Nacheinander, in welchem sich die reinste Form des Gezeitenkreises offenbart, die wir in der Natur kennen.

Die vierte Fortpflanzungsweise ist die tierische Zeugung. Sie vereinigt alle drei andere Arten der Fortpflanzung in sich, indem sie zugleich in genauer Gegensinnigkeit zu ihnen wirkt: Von der Pflanzenweise hat sie das Nacheinander von eigentlichem Zeugungsakt und tatsächlicher Konzeption, wobei uns die Gezeiten hier noch größtenteils unbekannt sind. Von der Spermit-Mych-Kopulation hat sie den Tatbestand der Vereinigung und Verschmelzung zweier reifer Geschlechtszellen – der aktiv beweglichen und kleinen männlichen und der großen und nur passiv beweglichen weiblichen. Von der Ursprungs-Teilung hat sie die weitere Teilung der befruchteten Keimzelle, die zur ontogenetischen Aszendenz – d.h. zum embryologischen Aufbau eines neuen Individuums – führt.

Diese ontogenetische Aszendenz der befruchteten Keimzelle ist aber der genaue Gegensinn der cyclogenetischen Deszendenz der Spermit-Mych-Kopulation in das Ursprungsstadium des Protits.

Während das Nacheinander von männlicher und weiblicher Funktion in der Pflanzenwelt das Fundament alles Weiterlebens ist, bedeutet es in der Tierwelt nicht mehr als eine funktionelle Begleiterscheinung der Zeugungsorgane, die sich – bei Überschreitung des Termins zwischen Zeugung und Konzeption – als Fortpflanzungsschwäche auswirkt, – im Gegensatz zur Pflanzenwelt, wo gerade auf der extremen Terminierung von Besamung und Samenbildung und der daran anschließenden Gezeitenfolge die ganze Stärke und Stabilität des Pflanzenlebens und seiner Fortpflanzung beruht.

Die Pflanzenbesamung ist eigentlich genau genommen Partheno-Genesis – eine Jungfern-Zeugung. Und die Jungfrau, die dem Herbstzeichen des Tierkreises seinen Namen gegeben hat, ist eben die Frucht der Pflanze, in welcher sich der vollreife weibliche Samen gebildet hat, bei dem es jedoch zu keiner Kopulation mehr kommt. Wir sehen also, dass die alten Astrologen vielleicht ein wenig mehr Sinn für Botanik gehabt haben könnten als wir heute ahnen.

Ein nicht minder interessanter Aspekt ergibt sich mit der Gegensinnigkeit der Ursprungs-Teilung des Protits und der ontogenetischen Reifeteilung nach der Vereinigung der beiden Geschlechtszellen: – Die Ursprungs-Teilung, die in die kleine Cyclogenie der Primitivphasen und damit nicht über die Spermit- Mych-Kopulation hinaustendiert, führt auch nicht in jene Lebensbereiche hinein, in denen es einen Tod gibt; mit den Primitivphasen hält sich das Leben ewig an der unzerstörbaren Lebensbasis. Mit jeder embryologischen Aszendenz aber führt der Aufbau das Lebewesen zu einer Lebenshöhe, von welcher es der Tod unweigerlich wieder herunterholen muss. Je höher ins Leben, umso näher dem Tod – das ist der seltsame Sinn jener Aszendenz, als deren Höhepunkt das Wendezeichen Krebs sich präsentieren muss, das nach der apokalyptischen Kairologie *die Hölle des fahlen Reiters Tod*[35] genannt wird.

Die sogenannten exakten Kausalwissenschaften können es sich gestatten, an diesen Tatsachen vorbeizuschielen. Eine Wissenschaft vom Leben muss jedoch den Mut aufbringen, diesen Sinnzusammenhängen geistesgegenwärtig ins Auge zu sehn. Man kann sich nicht ernsthaft mit Lebensproblemen beschäftigen, ohne dabei auch das Leben ernst zu nehmen. Und man kommt am Ernst des Lebens nicht vorbei, ohne sich mit der Problematik und dem Sinn von Zeugung und Tod auseinanderzusetzen und mit jener Moral konfrontiert zu werden, die auf einer realistischen Erkenntnis von Gut und Böse beruht. Es lässt sich freilich absehen, dass diese Moral von der Geschichte des biologischen Zeitauslebens den Menschen nie zu einem befriedigenden Sinn führen wird und dass der Sinn seines Lebens daher auf einer höheren Ebene des Geistes zu suchen sein wird.

---

[35] Offenbarung 6, 8

Man muss diese Fragen nicht sehen, aber wer sich einmal auf sie eingelassen hat, hat auch nur diese Alternative.

23.) Tod und Über-Zeugung

Wenn die Fundamentalbiologie einer Überzeugung sicher zur Klarheit verschafft, so jener, dass das Leben nicht mit dem Tode aufhört. Es gibt Lebensbereiche, in denen der Tod keine Gültigkeit hat; oder – wenn wir auf diesen Begriff nicht ganz verzichten wollen – in denen er den Charakter des Schlafes hat. In diesen Ursprungsbereichen hat freilich auch das Leben dann für uns ein so potentielles und universales Wesen, dass jeder Individualcharakter darin aufgegangen zu sein scheint. Um die genetischen Momente in den Systasen noch als Lebenszeichen deuten zu können, gehört ein hoher Stand menschlichen Erkenntnisbewusstseins und tiefe wissenschaftliche Einsicht.

Dennoch gehört das ewige Leben heute weder theoretisch noch praktisch zu den Glaubensgewissheiten -wie sie Ortega y Gasset versteht – sondern zu den wissenschaftlich gesicherten Erkenntnissen. Und dies eben ist ja auch der Hauptgrund, aus dem diese Tatsache totgeschwiegen wird: Sie widerspricht jenen dogmatischen Glaubensgewissheiten, die das materialistische Weltbild sich vom Leben bisher gemacht hat. Sie widerspricht zwar keineswegs der Tatsache, dass die Materie eines der entscheidenden Weltfundamente ist, doch sie steht im Widerspruch zu einem daraus fälschlicherweise abgeleiteten mechanistischen Dogma, welches die Welt mit den kleinsten Teilchen im leeren Raum beginnen lässt.

Denn es setzt diesen kleinsten Teilchen zumindest ein Prinzip voraus, nach dem diese sich im Raum wandeln und damit eben auch den Raum selbst durchwandeln; und darin setzen wir jene Alteration voraus, welche uns vor die stetige Alternative einer Änderung im Raum nach der Zeit stellt.

Jener dualistische Aspekt des Raumes, durch den eine Teilchensphäre Außenraum von Innenraum scheidet, kann aufrechterhalten werden; aber damit stehen wir ja bereits vor der Alternative, wohin wir die Wandlung verlegen wollen: In den Außenraum oder in den Innenraum oder in die Grenzfläche zwischen beiden? Und mit der Bestimmung, wo Wandlung stattfindet, haben wir auch schon bestimmt, wo wir Dauer haben.[36]

Wie immer wir aber diese Bedingungen auch wählen mögen, sobald wir von diesem einfachen Modell ausgehen und zu einer höheren Entwicklung kommen, etwa einer solchen, wie sie als Tatsächlichkeit vor unseren Augen liegt, können wir uns die Zeit nur im Sinne einer Genese oder Geschichte des Lebens deuten; – und zwar nur eines Lebens, das bereits in dem einfachen Grundbestand als Ursprung alternativ beschlossen war. Abgesehen von dieser Alternative bleibt uns nur die Wahl eines tödlichen Denkfehlers: Das Leben an seinem Ursprung zu leugnen. Doch damit haben wir unseren eigenen Verstand zum Tode verurteilt. Das bedeutet dann freilich ewige Finsternis.

Seltsamerweise bietet sich dieser trostlose Aspekt des Todes – eines Todes schon bei Lebzeiten – unter allen Lebewesen der Natur allein dem Menschen an; und seltsamerweise ist gerade dieses Verstandeswesen auch durch eine besondere Bereitwilligkeit gekennzeichnet, diesen Aspekt totaler Lebensvernichtung und Verneinung anzunehmen. Praktisch: Der Mensch ist unter allen Lebewesen der einzige Selbstmörder – wenigstens der Alternative nach.

Wie der Mensch anatomisch vor allem durch ein großes Hirnvolumen gekennzeichnet ist, so ist er psychologisch durch diese seelische Einstellung dem Tod gegenüber charakterisiert. Biologisch gesehen ist daher auch sein Verstand ein Über-Zeugungsorgan, durch welches das Leben sich dieser Art Bedrohung ebenso erwehrt, wie es durch Zeugung und Fruchtbarkeit eben auch anderen Lebensgefahren Herr wird.

Hier bietet sich ein seltsamer Aspekt an, den eigentlich nur das Christentum im vollen Ausmaß seines lebendigen Realismus richtig erkannt hat: Der Mensch erweist sich als umso menschlicher, je stärker er einerseits dem Tode und seiner Vernichtungsdrohung konfrontiert erscheint – und je stärker sich andererseits sein Verstand darin bewährt, die Nichtigkeit dieser Todesdrohung zu seiner klaren und jeden Lebensaugenblick geistesgegenwärtigen Erkenntnis werden zu

---

[36] Das vielleicht nicht, doch die Kategorien der Quanten-Matrix zeigen alle nicht nur einen Außen- und einen Innenaspekt, sondern haben auch einen Nulllinienaspekt. So finden wir z.B. den Zeitpunkt in der Zeit und den Raumpunkt im Raum. Der Zeitpunkt umfasst keine Zeit und in ihm gibt es auch keine Veränderung der Zeit. Der Raumpunkt beinhaltet keinen Raum. Die Null hat bei den Zahlen keinen Wert, usw.

lassen.

Mit einem Wort: Menschlichkeit ist mentale Überwindung des Todes durch Überzeugung. In diesem Sinne ist der Christus am Kreuz der Überwinder des Todes; und seine Auferstehung ist die Frucht dieser Überzeugung. In dem Augenblick, da dies einmal klar erkannt ist, ist es auch gleichgültig, ob und welche Art wissenschaftlich nachweisbarer Tatsächlichkeit wir dafür oder dawider haben mögen: eindeutig ist und bleibt für alle Zeit, dass damit die Lebenswahrheit des Menschen und seines Verstandes überhaupt vollkommen und richtig durchschaut und dargetan ist. Aus dem Geiste dieser Selbsterkenntnis haben wir Menschen unseren Verstand; – oder wir haben keinen. Denn was wir Verstand heißen, ist uns in dieser Art gegeben und in keiner anderen. Und wir können ihn seinem ganzen Wesen nach nur so nehmen, wie er uns gegeben ist.

Die Überzeugung führt zu jener Geistesfrucht des Menschen, welche Jesus „Menschensohn" nennt. Sehr merkwürdig ist nun, dass für diesen geistigen Befruchtungsvorgang wiederum ein ganzer Kreis von Gleichnissen zur Anwendung kommt, dessen Terminologie sich auf den Kairos der Pflanzen bezieht. Der Mensch wird hier gleichsam mit einem Blütenstempel verglichen, der sich in eine samenbildende Frucht zu verwandeln habe, wenn sich der geistige Sinn seines Lebens erfüllen soll. In diesem Sinne bildet Gott und Mensch ein zeitliches oder kairologisches Nebeneinander, wie Blütenpollen und Samenkorn. Jedenfalls liegt hierin die geistesgeschichtliche Idee des christlichen Äons der Keuschheit.

Es lässt sich schwerlich übersehen, wie zwangslos sich dieser Gedanke an den skizzierten Rhythmus aller bekannten biologischen Fortpflanzungsweisen anschließt. Wem diese so eindeutige Naturverbundenheit und der damit ausgesprochene lebendige Realismus des Christentums zu Bewusstsein kommt, dem wird es ewig ein Rätsel bleiben, wie es gelingen konnte, daraus eine lebensfeindliche Religion mit asketischen Idealen zu machen. Man wird zu der Ansicht kommen müssen, dass hier nur entweder theologische Mache oder ein Missverständnis der Allgemeinheit vorliegen könne – jener Gemeinheit aller, die unbewusst geblieben sind.

24.) Gut und Böse

Die Frage, die wir in diesem Kapitel stellen wollen, schließt unmittelbar an den zuletzt ausgesprochenen Gedanken an und könnte etwa so gestellt werden:

Gibt es biologisch begründete Werturteile über das Wesen des Lebens oder über Lebewesen, die allgemein verbindlich sind? Mit anderen Worten: Gibt es innerhalb des Lebensreiches so etwas wie Lebenswerte; oder lässt sich auf irgend einem Wege wenigstem, ein wahrer Wert des Lebens selbst erkennen?

Wer die Frage versteht, weiß, welche Vorsicht mit einer Antwort geboten ist. Wir müsset uns von vornherein ein für alle Mal bewusst bleiben, welchen Standpunkt wir einnehmen, wenn wir darauf eine Antwort geben; denn nur sofern wir ihn – und damit Wort halten können, können wir auch die - Verantwortung tragen.

Den Standpunkt der Kausalwissenschaften können wir zunächst einmal ohne weiteres aufgeben. Von ihm aus existiert nicht einmal diese Frage und von ihm aus wurde auch oft genug betont, dass man an einer Antwort grundsätzlich nicht interessiert sei.

Welche Position bietet uns nun der Standpunkt der Originalwissenschaften? Er vermittelt uns ja die Erkenntnis der Prinzipien des Lebens. Seine Position besteht vor allem in der Einsicht eines naturgegebenen ewigen Lebens, welches der Ursprung alles kairologisch terminierten Zeitauslebens ist und damit aller, geschichtlichen Lebewesen in ihren besonderen zeitlichen Lebensphasen. – Wir können nun zwar nicht leugnen, dass die Besonderheit dieser Lebensphasen sich vornehmlich auch darin zeigt, dass uns einige derselben besonders sympathisch und andere unsympathisch sind; und dass wir leichter bereit sein werden, eine Aszendenz zur Lebenshöhe als eine Entwicklung mit positivem Vorzeichen zu sehen als eine Deszendenz hinab zur Lebensbasis; – doch was auch immer wir in diesem Lebenskreis begründen wollen, das können wir auch nur von dem Grund der Lebensbasis aus, bzw. wir können es in einer Perspektive auf dieses Fundament des ewigen Lebens und seiner Ursprünglichkeit hin begründen und ergründen.

Unter diesem Gesichtspunkt erschließt sich uns gewiss das Leben als ein Ganzes, aber gerade darum können wir darin auch nicht mehr sehen, als Gott sah, da er sein Wort zur Erde sprach und es geschah also, dass die Erde aufgehen ließ ihren Pflanzenkreis. *Und Gott sah, dass es gut war.*

Mit anderen Worten: Der Aspekt des Guten besteht in der Ersichtlichkeit jener Fügung zum Ganzen, die mit der Verfügung getroffen war und die auch das deutsche Wort Trefflichkeit oder Vortrefflichkeit meint. Doch der Aspekt eines Bösen ist nicht ersichtlich.

Das Böse – oder ein Unwert, also etwas Minderwertiges – bestünde höchstens in einer hypothetischen Annahme, dass dieses in sich geschlossene Ganze etwa unwahr oder nicht währen sein könne. Es müsste sich etwa geltend machen mit der Behauptung, dass es die Ursprungskraft eines solchen Lebenskreises in der Erde nicht gäbe; oder dass ein ewiges Leben Nonsens sei.

Indessen liegt der Fundamentalbiologie eine solche Behauptung oder Annahme fern, weil sie damit eben ihr eigenes Fundament widerrufen müsste. Eine Originalwissenschaft gibt es nur insofern als es auch ein Ursprungsprinzip gibt. Dies ist ihr Stand- und Ausgangspunkt, an den sie immer wieder zurückkehrt.

Da nun aber alle Lebenskreise mit all ihren Phasen untereinander so allgemeinsam verbindlich zusammenhängen, dass jeder nur als Einfügung in das Ganze der großen Lebensgemeinschaft erscheint und alle im Punkte des Ursprungs gleichsam miteinander kommunizieren, fehlt diesem Standpunkt grundsätzlich das Moment der Verurteilung oder des negativen Urteils.

Daher hat auch in aller Wirklichkeit vom Standpunkt der Natur gesehen der Tod nicht weniger Sinn als die Geburt, der Baum nicht mehr Wert als die Blume oder ein Grashalm. Aller Unterschied zwischen den Wesen ist rein geschichtlicher Art; und aller Art-Unterschied ist mit der Schicht [Ebene] ausgesprochen, welche die Entwicklung bei ihrer Entfernung vom Ursprung erreicht.

Es wäre durchaus denkbar, dass man eines Tages zahlenmäßig genau angeben kann, welches phylogenetische Zeitintervall zwischen einem Tiger und einem Kastanienbaum besteht – man müsste nur einen Weg finden, um berechnen zu können, wie lange die Natur zur Entwicklung der einzelnen Arten gebraucht hat; – doch angesichts eines ewigen Lebens könnte man in diesen noch so unterschiedlichen Zeitlängen keine Beurteilung von Lebenswerten ersichtlich machen. Es wäre nicht einzusehen, inwiefern größere Zahlen einen größeren

Wert repräsentieren sollten als kleinere, wenn das Fundament für alle das gleiche ist, in dem alle diese positiven Zahlen doch in Potenz schon vorhanden sind.

Das Geheimnis der Bosheit und die entstellte Gebärde des Bösen ist in der originalen Natur demnach gar nicht vorhanden oder vielleicht so tief verschleiert, dass es auch vom Standpunkt der Original-Wissenschaften aus nicht direkt zugänglich ist. Ja, wir müssen sogar sagen, solange wir im Sinne einer, echten Fundamentalbiologie überhaupt realistisch und naturgetreu urteilen, gelangen wir zu jenen im Großen und Ganzen „guten Urteilen", die richtig sind, weil sie stimmen, indem sie mit den gegebenen Sinnrichtungen und Sinn-Richtigkeiten der Natur und mit der Stimme des Lebens übereinstimmen.

Dennoch existiert die Frage nach einem Urteil über Wert und Unwert und so muss auch eine Antwort darauf gegeben werden können. Doch nicht im Bereiche des Lebens, sondern erst im Reiche des Geistes und aus der Wahrheit des Wortes kann uns diese Antwort gegeben werden; und sie wird uns auch mit der ganzen Kraft und Schärfe gegeben, sobald sich das Anti-Wort im Menschen gegen das Reich des Geistes erhoben hat; jenes Anti-Wort, welches auch der *Antichrist* genannt werden kann.

25.) Lebens-Wert-Urteile

Biologisch befinden wir uns mit unserer Suche nach Erkenntnis dem Reich der Lebensursprünge gegenüber; und wie wir uns in der Physik Einsicht in die Prinzipien von Ursache und Wirkung zu schaffen versuchen, so geht es uns in der Biologie um die Erkenntnis der Prinzipien von Ursprung und Geschichte. Je klarer diese Erkenntnis, desto besser werden unsere Urteile. Auch wenn das beste Urteil auf diesen beiden Ebenen kein Werturteil sein kann.

Ein gutes Urteil ist etwas anderes als das Urteil *gut*. Ein gutes Urteil zeigt die Güte des Verstandes und die Trefflichkeit seiner Urteilskraft; das Urteil *gut* dagegen charakterisiert etwas dem Verstande und seiner Urteilskraft Übergebenes und besagt, dass der Verstand damit einverstanden sei. Und mit einer Naturgegebenheit nicht einverstanden sein, bedeutet so viel wie nicht verstanden zu haben, sie in Einklang zu bringen. Und damit spricht sich der Verstand nur selbst ein schlechtes Urteil, wenn er hier das Urteil *schlecht* abgibt.

Aber mit dem Urteil selbst kommt bereits jene Kraft des Geistes zu Wort, mit welcher von Anfang an jede Einteilung ausgesprochen ist. Mit den Urteilungen tritt die erste Schöpfungsordnung auf den Plan, aus welcher es überhaupt Einsicht, Licht und Erleuchtung gibt; und damit kommen auch Finsternis, Blindheit und Verblendung zur Sprache und zu Bewusstsein.

Sprache und Bewusstsein aber, als geistige Handhabemittel einer Erkenntnis verstanden, gehören allein der Welt des Menschen an; und nur in dieser Menschenwelt und von ihr aus gesehen, wie auch in Hinblick auf sie gibt es dasjenige, was wir das Übel nennen.

Und hier begegnen wir dann auch ganz plötzlich dem Widerspruch: Biologisch kann man in einem rein naturwissenschaftlichen Sinne auch die übelsten Krankheiten aus den tiefgründigen Perspektiven ihrer gegebenen geistigen Gesetze erkennen und ihre grauenhaften Aspekte unter der Bedeutung eines Urteils sehen, das seine Sinnrichtigkeit hat und damit eben *Gericht* ist – genau im Sinne dieses deutschen Wortes. Einsicht und Urteilskraft haben heißt eben Einsicht in diese Kraft des Urteils zu haben und seine Sinnrichtung ebenso richtig zu nehmen, wie sie uns vom Geiste gegeben ist. Ohne diese Richtkompetenz wäre weder in der Welt noch in unseren Gedanken eine bewusste Ordnung gegeben und es gäbe damit weder eine Erkenntnis in Bezug auf die Welt noch innerhalb dessen, was wir unsere Erkenntniswelt nennt. Eine gute Erkenntnis ist zuletzt eine Erkenntnis des *Bösen*[37] und jener Richtkompetenz des Geistes, welche *Urteil* spricht als die Schranken aller Weltordnung. Mit ihr steht und fällt jede Erkenntniswelt. Und sofern wir nur überhaupt Wert auf eine Welt legen, haben wir damit auch schon den Wert auf eine Erkenntnis des Guten und des Bösen gelegt.

Nun können wir das Übel als die Sinnrichtung des Bösen zwar „gut" erkennen und einsehen, welche Richtigkeit es mit diesem Sinn hat, aber wir können das Übel nicht *gut*-heißen.[38]

So offenkundig dieser Widerspruch und das Dilemma seines Zwiespalts ist, so verschlossen ist auch sein Wesen vor unserer Erkenntnis, weil er eben in ihr selbst beschlossen liegt: Eine gute Erkenntnis führt den Menschenverstand im Reiche der Welt grundsätzlich immer vor das Böse, das er gerade nicht gutheißen kann, weil es in irgend einer Form „gerichtet" gehört. Und *richten* verstehen wir je nachdem im Sinne von *reparieren* oder auch bloß *parieren*; das Urteil kann *gut-machen* oder eine Abwehr fordern. Aus obigen Überlegungen aber geht wiederum hervor, dass ein philosophisches *Aus-der-Welt-Schaffen* des Bösen gravierende Folgen für die Erkenntnis selbst hätte und eine Vernichtung aller Welterkenntnis und jeder Erkenntniswelt bedeuten kann.[39]

---

[37] Man ist erinnert an das Nadelöhr und das Kamel (Mk 10, 25). „*Das Böse*" entsteht wohl nicht durch ein Moralurteil. Trivial ist damit oft (psychisch oder systemisch) Krankhaftes gemeint, dass sich destruktiv auswirkt oder auswirken kann. Doch dasselbe ist eben nur krankhaft und destruktiv in ihrer Einwirkung und dem Wesen nach nicht per se „böse", sondern eher in irgend einer Form abweichend. Wenn wir „das Böse" als den Bereich hinter den Schranken der für die Menschen angedachten guten Ordnung ansehen, dann ist *böse* eher eine relative Verortung auf geistiger Ebene in Bezug auf den Menschen und die für ihn geltenden Schranken, als dass es etwas Absolutes sein könnte. – Anmerkung des Herausgebers

[38] *Das Böse* und *das Üble* sind zwei ähnliche Bezeichnungen. Trotzdem haben sie eine andere Wirkung auf unseren Moralsinn. – Anmerkung des Herausgebers

[39] Die Gewaltfreie Kommunikation nach Dr. Marshall Rosenberg hat zeigen können, dass dieses Dilemma auch in einer dualen und bewertenden Sprache liegen kann, sowie in der Reife des Geistes, dieses Dilemma zu managen, da man Dilemmata eben managen muss, weil man sie nicht wie ein Problem lösen kann; *gut und böse* wandelt sich in *stimmig* bzw. *nicht stimmig für* .... – Anmerkung des Herausgebers

Es gibt praktisch eigentlich nur einen Weg, diesen Widerspruch zu entschärfen: Seine Wahrheit schonungslos aufzudecken und seiner Alternative im Sinne des Lebens zu entsprechen. – Das ist sozusagen auch die Formel jenes lebendigen Realismus, welche Jesus ausgesprochen hat mit den Worten:

> Ich bin der Weg und die Wahrheit und das Leben.
> (Joh. 14, 6)

Das offenkundige Ent-Sprechen der Welt gegenüber ist es eben, was das *lebendige Wort* genannt worden ist. Wählen wir irgendein praktisches Beispiel: Nehmen wir den Fall, es sei mir bei einem Leser gelungen, ihn wirklich von der grundsätzlichen Zwiespältigkeit der Erkenntnis restlos zu überzeugen, so dass sich in ihm nur ein einziger Wunsch als eindeutige Gefühlsreaktion regen könnte: *Ich wünsche nichts zu wissen!* – Weder Welterkenntnis noch Erkenntnis-Welt. Weder Gut noch Böse. Denn dies alles verwirrt dermaßen, dass wir nicht mehr zu wissen wünschen.

Noch deutlicher: Wenn mich ein Schmerz plagt, wünsche ich davon befreit zu werden und keine Erkenntnis darüber, inwiefern dieser sinnvoll in die Welt passt und ein vollkommen richtiges Urteil vollzieht. Dass dieses Übel eine erkennbare Folge des Bösen ist, ist mir gänzlich uninteressant in dem Augenblick, da es mich quält. Worüber ich mir restlos klar bin, was mich allein interessiert und was ich ganz sicher weiß, das ist, was ich wünsche: „Fort mit dem Übel!"

Nun gut, würde ich sagen: Du weißt, zu wünschen. Aber wenn sich dein Wunsch erfüllen soll, wünscht du dann auch zu wissen, auf welchem Wege dein *Wollen* zu einem *Können* wird? Und das ist ein *Müssen*, welches dich vor die Alternative stellt, entweder deinen Wunsch zu wissen oder einen Ausweg.

Der Buddhismus z.B. hat das Grundsätzliche dieser Alternative vollkommen erkannt und glaubte sie ein für alle Mal damit entschieden zu haben, dass er sich zu dem Urteil bekannte: *Wisse dein Wünschen und nichts mehr. Dann wird es aufhören.*

Das Christentum hat ebenso das Grundsätzliche dieser Alternative erkannt; aber – und das eben ist das Neue des Neuen Testaments. Es hat mit dem grundsätzlichen Standpunk dieser Erkenntnis darüber hinaus auch noch den wahre Geist dieser Erkenntnis als den Sinn und das Fundament des Lebens – und so auch in der lebendigen Erkenntnis sich selbst mit vollem Bewusstsein erkannt als dieses Geisteskraft, die sich offenbart im Worte *Wir können aufhören –* zum Wort, oder durch das Wort anfangen auf einem neuen Wege.

Praktisch ergibt sich darin die Tatsache, dass die Erkenntnis des Guten und des Bösen selbst weder gut noch böse ist; sie kann eigentlich nur eines sein: Richtig. Denn wäre sie unrichtig, dann träfe das Wort Erkenntnis eben nicht zu.

Gut und Böse aber hat nun die Bedeutung eines Werturteils und wir haben an dem obigen Beispiel gesehen, dass richtige Erkenntnis und Urteil bloß Wert haben können, wo es ein Erlebnis des Übels im Bewusstsein gibt.

Ein Erlebnis des Übels gibt es bis zu einem gewissen Grade auch ohne Erkenntnis in der Natur; und insofern hat auch der Buddhismus recht, als die Heilung eines solchen Übels leichter von selbst als mittels weitreichender – aber doch nicht ganz zureichender – Erkenntnis gelingt.

So ist es auch leichter, den Erkenntnisweg genau das Stückchen weit zu gehen, das man aus eigener Kraft gehen kann, um dann bei einer zweifelhaften Einsicht stehen zu bleiben und daraus die Schlussfolgerung zu ziehen, dass der ganze Weg vom Anfang bis zum Ende eben zweifelhaft sei. Hier gipfelt aller Weisheit letzter Schluss dann in dem klugen Rat: Spart, euch die Mühe. Glücklich ist, wer nichts weiß.

Doch eben darin liegt auch der gefährliche und unrealistische Trugschluss, die nun einmal gegebene Erkenntnis für so gut wie nicht gegeben zu erachten. Mit der Sprache der Bibel würde das etwa heißen: Den Sündenfall für ungeschehen zu betrachten, indem man einfach die Erkenntnis des Guten und des Bösen – nicht zur Kenntnis nimmt. Denn man kann den Verstand nicht aus dem Bewusstsein des Menschen eliminieren, ohne ihm den Weg und die Wahrheit und das Leben auf das lebendige Wort hin – und damit auf seine menschliche Vollendung – zu verbauen. Gerade oder ungrade – ob Sünde oder Segen – der Verstand ist dem Menschen nun einmal gegeben und die Erkenntnis gehört zu seinem Bewusstsein. Das ist die dem Menschen eigene Realität und nicht mit ihr zu rechnen ist eben ein Rechenfehler,

Damit sind wir beim Kern des Problems angelangt, das der Mensch im Laufe seiner Geschichte unter verschiedenen Decknamen zu fassen suchte, wie etwa der *Sünde,* welcher man auf dem Wege der *Sitte* Herr werden sollte; oder des Unheils, dessen man sich mit einer Heilkunde erwehren wollte; oder des

Minderwertigen, welches auf dem Wege des Fortschritts eine Evolution zu höheren Lebenswerten durchzumachen habe, die es durch menschliches Machen oder durch göttliche Fügung irgendwie zu fördern gäbe.

Doch wie immer man dieses Problem auch anfasst, die Kernfrage lautet in schlichten Worten: Was ist böse und wie wird es wieder gut? Und in diesen zehn Worten liegt das Lebensproblem des Menschen.

Der ganze Witz der menschlichen Komödie findet seine Pointe in den ersten vier Worten dieser Frage: Was ist das Böse? – Denn das Böse ist immer etwas Unreales: – ein Etwas, das gar kein wahres Etwas ist, sondern ein Fehlendes, das urgiert wird; und zwar eine Abwesenheit, welche sich am Ende als die Geistesabwesenheit des Menschen selbst herausstellt. Das Böse ist jenes Soll an Menschlichkeit auf das der Mensch Anspruch erhebt und eben durch diesen Anspruch nicht zu Wort kommen lässt, sondern es in Widersprüche verwickelt.

Die Frage ist unrealistisch in ihrer Sinnrichtung, aber bezeichnend für den Stand und Verstand des Fragenden in seiner geistesabwesenden Fragestellung. Daraus ergibt sich die Antwort: Es wird alles wieder gut im Augenblick der Geistesgegenwart.

26.) Der Augenblick der Geistesgegenwart

Der Augenblick der Geistesgegenwart offenbart sich auf diese Weise als der wahre Stand des Menschenverstandes. Er ist jener Stand, mit dem der Mensch und sein Lebenswert steht und fällt. – Das Gefallen-Sein ist eben jener Sündenfall, in dessen Gefälle die ausgefallene Idee mit jener ganzen Lawine von Ausfälligkeit und Abfälligkeit abrollt am Lebenshang dieses Geschlechts; – das Stehen des Menschen auf seinem Stand hat jenes Bestehen zeitlebens und Bestehenbleiben im ewigen Leben, das Jesus gelebt und gelehrt hat und das sich seither auch als den Stand des wahren und lebendigen Realismus erwiesen hat: Jenes Sein, welches Geistesbewusstsein bedeutet und ein Selbstbewusstsein hat in der Geisteskraft des Wortes und aus dem Menschenverstand im Leben.

Wer meinen Ausführungen bis hierher gefolgt ist, wird vielleicht geneigt sein sie mit der Bemerkung beiseitezuschieben, dies alles seien rein theologische Behauptungen, die weder bewiesen werden könnten noch sollten und die auch nichts mit Biologie zu tun hätten. Sehr wahrscheinlich wäre dies vor einigen Jahren auch mein Standpunkt gewesen; doch ich musste ihn revidieren angesichts der fundamentalbiologischen Einsichten, die ich inzwischen gewonnen habe.

Ist es so, dass jeder Augenblick den Ursprung und damit des Ziel einer Lebensgeschichte in sich schließt, dann ist in ihm auch das Gesetz der Zeit mit allen daraus sich entfaltender Gezeiten und Terminfolgen beschlossen und müsste sonach im Augenblick voller und klarer Selbsterkenntnis auch erschlossen werden können, wenn es nur gelingt, sich den Geist zu vergegenwärtigen, aus dem ihm die ganze Ordnung seiner Weltansicht mitgeteilt wurde.

Sobald der Verstand das ihm eigene Prinzip der Einteilung [differenzieren und kombinieren] als die ihm selbst gegebene geistige Mitteilung versteht, ist er auch im Stande, über Einheit und Teilung (d.h. über die Ordnung der Zahlen) dem ewigen Sinngesetz der Gezeiten auf den Grund zu kommen und damit zu wissen, was in jedem Augenblick des Lebens gerade *an der Zeit* ist.

Und mit einer solchen Erkenntnis hat dann der Mensch genau die gleichen vollkommenen Lebensvoraussetzungen, wie sie in der ganzen übrigen Natur alle anderen Lebewesen mit jener Kenntnisweise besitzen, die wir Instinkt nennen.

Instinkt ist ein sensorisches Lebenssteuerungsorgan; wir würden ihn am ehesten den *Sinn der Sinne* nennen oder den *Sense*. Demgegenüber wäre eine volle Erkenntnis ein mentales Lebenssteuerungsorgan, wie es allein der Mensch zu entwickeln vermag als den Sinn des Verstandes oder als jenen *Mens* [lat.] nach dem er seinen Namen hat: *Mensch*.

Dies aber ist nun keineswegs eine theologische Behauptung, für die es weder Gründe noch Beweise gäbe und die man daher als pures Glaubensdogma hinzunehmen hätte, sondern erweist sich als evidente biologische Tatsache, sobald sich der Mensch selbst der gleichen naturwissenschaftlichen Beobachtung unterzieht, durch die er seine Einsicht in die ganze Natur und in all ihre Gesetze gewinnt. Dann nämlich muss ihm die Tatsache, dass er mit einem einzigartigen Denkorgan begabt ist, eben auch zu denken geben und das muss ihn im Augenblick auf den richtigen Gedanken bringen, mit dem er endlich erkennt, wer er ist.

In dieser Erkenntnis liegen das persönliche Bewusstsein und das Selbstbewusstsein des Menschen; und eben dies ist eine Erfahrungstatsache von solcher Evidenz, dass niemand auch nur auf die Idee kommen könnte, sie zu leugnen, wenn sie ihm nicht zuvor gegeben wäre. In der Kant'schen Terminologie würde man dieses „*zuvor … gegeben sein*" ein Bewusstsein *a priori* nennen und die dagegen angesetzte Kontrabehauptung, die hernach eine Leugnung oder einen Widerspruch zu konstruieren sucht, als ein sekundäres, reaktives oder als ein Bewusstsein *a posteriori* bezeichnen.

Biologisch ist auch vollkommen klar, wie es zu einem derartigen reaktiven Bewusstsein kommen kann und immer wieder auch kommen muss: – Es ist ein genetisches Gesetz, dass jede grundsätzlich neue Entwicklungsstufe des Lebens eine alte Lebensordnung vor die Alternative stellt, ihre Alteration so oder so zu beantworten; bejahend im Sinne einer neuen Anpassung und Einordnung – oder verneinend im Sinne eines Widerstandes gegenüber jeder Änderung gemäß jenem Trägheitsprinzip, welches physikalisch die Reaktion jeder Masse der Aktion jeder Kraft gegenüber ist.

Die geistesgeschichtliche Kultur-Menschheit ist phylogenetisch etwa 6000 Jahre alt. Die Erkenntnis und das persönliche Bewusstsein des Menschen sind – verglichen mit den Zeiträumen der übrigen Naturgeschichte – unvorstellbar jung. Die Größe des Entwicklungs-Widerstandes lässt sich annähernd an all den

Krisen ermessen, die ein Mensch bei seiner Geburt, beim Schauen-Lernen, beim Erwachen seiner Intelligenz, beim Eintreten in die Schule und später in sein Berufsleben oder in die Pubertät immer wieder durchzumachen hat, Auch hier sehen wir ihn immer wieder vor einer Alternative, die er ganz natürlicherweise zunächst reaktiv mit einem „Nein" beantwortet, um sich allmählich der neuen Ordnung zu fügen und am Ende in ihrem Sinne aktiv zu werden und sein „Ja" zu sagen. – Doch es gibt eben auch jene Menschen, die an irgendeinem Punkt der Entwicklung in ihrer reaktiven Negation verharren. Sie lehnen einen bestimmten genetischen Schritt grundsätzlich ab, bleiben dem Leben hier die Antwort schuldig und schließen sich aus der Geschichte aus. – Sie verhalten sich ähnlich wie bestimmte Zellen im Organismus, welche im Wechselspiel von Degeneration und Regeneration ausgeschieden sind und dort ersetzt werden müssen.

Diese wenigen Andeutungen mögen genügen, um den Menschenverstand im Rahmen seiner biologischen Perspektiven sichtbar werden zu lassen. Phylogenetisch handelt es sich um einen Entwicklungsschritt von einem instinktiven Sensorium, wie es der ganzen Tierwelt und natürlich auch dem Menschen eigen ist, zu einer intellektuellen Mentalität, wie sie allein der geistesgeschichtliche Kulturmensch besitzt und wie sie ihren ersten und letzten Ausdruck bekommen hat im Geiste des Wortes und aus der verbindlichen Kraft der Sprachen.

Das Wort *Ausdruck* bedeutet nicht, dass jene Mitteilungskraft des Geistes so etwas wie ein Produkt des Menschenverstandes ist; die Erkenntnis ist nur eine Funktion dieser Geisteskraft des Wortes und ist ebenso gut als Eindruck wie als Ausdruck dieser Kraft fassbar. Sie ist Resonanzboden oder Sprachrohr des Geistes – je nachdem, in welcher Sinnrichtung wir sie gerade sehen. Sie ist nicht der *Rat*, sondern das *Gerät*; nicht die Person, sondern ihre Stimme und darin eben doch persönliche Mit-Teilung, wenn sie durch Wort begabt ist. – Sage mir doch einer, was das Wort nicht sagt; – sage er mehr, als das Wort zu sagen hat; und ich stehe vor einem Wunder Gottes, das größer ist als das Wort!

Denn mehr sagen wollen, als das Wort zu sagen hat, bedeuten versagen müssen. Und zwar notwendig aus jenem Mangel an Geistesgegenwart, der den Widerspruch im Beiwort (die *contradictio in adjecto*) nicht merkt, welcher das Sagen gegen das Wort und seine Mitteilung ausspielt, als wäre nicht beides genau eines Sinnes.

Alle Wesen in der Natur – und auch die primitiven Menschen – haben gewiss auch ohne dass ihnen die rechten Worte gegeben wären, etwas zu sagen; doch wieviel immer dies auch sein mag, es ist immer weniger als das Wort.

27.) Das Wort und der Satz vom Widerspruch

Der erste und der letzte Ernst jedes wahren und lebendige Realismus lässt sich in jenen 5 Worten zusammenfassen, mit denen das Evangelium des Johannes beginnt:

Im Anfang war das Wort (Joh. 1, 1)

Die volle Bedeutung dieser Formel lässt sich nicht mit fünf Worten erklären; aber wenn man das versuchen wollte, wäre meine Antwort: *Aufhebung des Satzes vom Widerspruch.*

Wie sich die Menschheit mit dieser Tatsache abgefunden hat, zeigt der heutige Stand der christlichen Theologie aller Konfessionen und Sekten mit ihren Tabus gegen Magie, weshalb sie diese sehr bereitwillig den weltlichen Wissenschaften überlassen haben.

Dies hat seit den Jahrhunderten der Inquisition und der Aufklärung auch bisher reibungslos funktioniert, weil die ganze so streng exakte Logik all dessen, was heute noch den Namen *Wissenschaft* beansprucht und als solche anerkannt wird, philosophisch eingestandenermaßen auf zwei voneinander abhängigen Hauptsätzen gründet:

1.) auf dem Satz der Identität – formal: $\qquad$ A = A

2.) auf dem Satz vom Widerspruch – formal: $\qquad$ A ist nicht Non-A

Indessen hat die moderne Physik in den letzten 50 Jahren das Zauberkunststück zuwege gebracht, diesen Satz vom Widerspruch praktisch zu widerlegen. Sie konnte die theoretischen und praktischen Beweise erbringen, dass Energie und Materie sowohl zweierlei (A = Nicht-A) als auch einerlei (A = A) seien. Das gleiche fand sie für andere physikalischen Tatbestände wie etwa *Teilchen und Welle; Leere und Kraftfeld* und andere physikalischen Grundbegriffe.

Die Anwendung dieser Wahrheit sieht auf Deutsch so aus: Ein Energiequant A. kann ein Materieteilchen B sein oder ein Vektor $r \times t^2$ – Je nach der vorliegenden

Situation – und doch besteht für alle drei die mathematische Identität im Sinne der gleichen Zahl: a =a

In der Wissenschaft sieht diese Tatsache neu aus, wie ein Wunder, das sich schwerlich leugnen lässt. Nach den Worten des Neuen Testaments ist sie ebenso unleugbar rund 2000 Jahre alt; denn der ganze Satz vom Wort heißt nach Johannes 1, 1:

> Im Anfang wer das Wort,
> und das Wort war bei Gott,
> und Gott wer das Wort.
> Dass selbe war im Anfang bei Gott.

Nach dem Satz vom Widerspruch ist dies logisch unmöglich.; denn das Wort bei Gott und Gott = Wort besagt soviel wie B ist ein anderes als A und A = B. Nachdem aber *Logos das Wort* heißt, ist dies logisch unmöglich.; denn logisch heißt genau genommen *wörtlich*.

Der Sinn des Wortes scheint also ein anderer zu sein als der im Satz vom Widerspruch zur Geltung gebrachte; und dass jener von Johannes aufgestellte Satz vom Wort mit den naturwissenschaftlichen Fundamentalerkenntnissen in vollem Einklang steht, ist lediglich eine neu hinzugekommene Erfahrungs-tatsache für das Gebiet der Physik. Hingegen erweist sich hier der Satz vom Widerspruch und mit ihm die ganze determinierte Kausalität der sogenannten Ursachenlogik nur innerhalb eines relativ beschränkten Teilbereichs von anschaulicher Scheinbarkeit als gültig, indem er den Charakter des vordergrün-digen Augenscheins angenommen hat, der bekanntlich trügen kann.

In viel tieferem und erweitertem Sinn gilt dies für die Fundamentalbiologie; und so wird verständlich, warum Wissenschaftler, die bereits vor den verwirrenden Tatsachen der modernen Physik mit einer kompletten Kapitulation reagiert haben, in einen großen Gelehrtenstreik eingetreten sind, der die letzten 50 Jahre kennzeichnet. Mit den wenigen Streikbrechern ist man dem Anschein nach leicht fertig geworden, indem man die „unwissenschaftlichen" Außenseiter mit einer Sturmflut gesteuerter Fachliteratur in der Arena der Hirn-Gladiatoren an die Wand spielen ließ und den preisgekrönten Löwen zum Fraß vorwarf.

Indessen beginnt es sich auch hier wieder einmal zu erweisen, dass der Atem des Geistes weht, wo er will. Er kann nicht durch Proteste, Widersprüchen und schließlich auch nicht durch den Satz vom Widerspruch aufgehalten werden, der bisher als die Quintessenz der abendländischen Logik galt. Dieser Stein der Weisen ist wieder einmal ins Wasser gefallen, wie es nach Johannes 1 vorauszusehen war.

Damit stehen wir heute vor der Tatsache, dass wir diesen Satz vom Wort ernst zu nehmen haben, weil er der Satz von Gott und von seinem Gesetz ist, auf Grund dessen eben alle gegebenen Tatsachen bestehen; hingegen gehört der Satz vom Widerspruch zur Logik des Widerspruchsgeistes, der als Widersacher bekannt ist und für den Umsatz von Philosophenphantomen verantwortlich zeichnet.

Wir haben an anderer Stelle deutlich zu machen versucht, dass mit dem Wort recht konkret jenes geistige Siegel der Offenbarung zur Sprache kommt, welches schon in der Ordnung der Zahlen abstrakt vorgegeben ist. Da auf den Zahlen wiederum die exakte Mathematik fußt und auf richtiger Berechenbarkeit jegliche praktische Sicherheit gründet – jedenfalls soweit wir sie im wissenschaftlichen Sinne verstehen – dürfte uns vor allem der Einwand begegnen: Wie ist das nun mit der logischen Stringenz der Mathematik, wenn man den Satz vom Widerspruch für den Geltungsbereich der Zahlen aufhebt?

28.) Die Mitteilung der Zahl

Was da zählt, das er*zählt* die Zahl. – So sagt es das Wort, durch das wir sagen, was zu sagen ist. – Wer immer glaubt, jemand eine Mitteilung in Wort oder Zahl zu machen, setzt damit schon jene Wahrheit voraus und hat die Sinnrichtigkeit dieser beiden Instanzen stillschweigend zugegeben. – Wollte er sie nachträglich wieder in Zweifel ziehen, käme er bloß mit sich selbst in Widerspruch durch sein eigenes Wort. – Ergo ist es reiner Widersinn, den Sinn des Wortes zu leugnen; ein Widerspruch gegen den Logos ist allein der Unlogik möglich.[40]

Mit diesem ersten Hauptsatz aller Logik geben wir dem Geist des Wortes und seinem Urteil die Ehre und haben jeder fruchtlosen Diskussion mit anspruchsvollem Widersinn und rechthaberischem Widerspruchsgeist das Fundament entzogen; denn hier könnte er sich doch nur zu Wort melden, um es sich im gleichen Augenblick wieder selbst abzustreiten.

Die gleiche Stringenz, welche für die Mitteilung des Wortes gilt, besteht auch für die Erzählung der Zahl. Wer damit rechnet, die Zahl werde ihm den Satz vom Widerspruch bestätigen, der hat sich – verrechnet. Sie erzählt uns mit jedem Nennwert die Logik des Wortes durch ihre Mitteilung, dass sie die Einheit aller Teilung, sei und damit das eigentliche Prinzip, das sowohl das Eine als auch das Viele vertrete.

Den Mathematikern ist es bisher schwergefallen, das auf verständliche Weise in Worte zu fassen, doch das liegt weder an den Worten noch an den Zahlen, sondern ganz einfach an den geistig unterentwickelten Notstandsgebieten dieser Erde. Denn beide – Wort und Zahl – bezeugen ein und dieselbe Wahrheit, weil sie beide aus ein und dem gleichen Geist stammen: Wie das Wort sowohl sich als

---

[40] Als jemand, der sich vertieft mit Gewaltfreien Kommunikation auseinandergesetzt hat, verstehe ich jeden Zweifel. Sprache ist etwas, das sich entwickelt und entwickeln muss. Gerade wenn es um exakte Beschreibungen geht, oder um philosophische Thesen, werden wir immer wieder das Ringen nach geeigneten Worten erleben. Die Schwächen der Sprache zu kennen, erleichtert den Vorgang wesentlich. Und ich habe den Eindruck, dass das Wort etwas komplett anders ist als die Worte, der Ausspruch, die Texte und die Schrift. Hier mag man zur Klärung das Buch Naam oder das Wort des indischen Weisen Sant Kirpal Singh heranziehen: ISBN: 3-282-00084-7. Das soll uns aber nicht abhalten, den Prinzipien, Mustern und Signaturen in der Sprache und den Zahlen nachzugehen. Es bleibt spannend. – Anmerkung des Herausgebers

auch die Sache meint und das Gemeinte mit den Meinenden zur geistigen Gemeinde eint, so ist eine jede Zahl sowohl die mit der Eins gemeinte *Einheit* als auch die *Mehrheit*, die sie als *Zähler* mit dem *Nenner* mitteilt.

Wort und Zahl sind beide – und das prinzipiell – nur zu verstehen als das Eine und das Andere. Die Zahl ist A und B, Zähler und Nenner, Einheit und Vielheit; und auf diesem Prinzip beruhen Sinn und Brauchbarkeit aller Zahlen in jeder Art von Mathematik. Auf diesem einen Umstand beruht die ganze Bedeutung der Zahl und allein unter dieser einen Voraussetzung zählt sie als Erstes Prinzip: Als *primum prinzipium* – oder als das erste Prinzip des Fürsten. Wenn das Wort bei Gott und Gott selbst ist, dann ist die Zahl das göttliche Etwas – im Gegensatz zum göttlichen Jemand; also gleichsam das Abstraktum gegenüber der konkreten Person.

An einem praktischen Beispiel:

$$\text{Die Zahl 4 ist sowohl die eine Vierheit} \quad \frac{4\ \text{Zähler}}{1\ \text{Nenner}}$$

als auch die Summe 2+2 als auch das Produkt 2 ×2 als auch die Potenz 2^2.

Versuchen wir diese Tatsache aus der Welt zu schaffen und wir bestreiten uns die Möglichkeit, auch nur unsere eigenen Finger zu zählen. Wir haben dann nicht einmal mehr die bescheidene Möglichkeit, uns auszurechen, was von Kultur und Menschenverstand weiter noch übrigbliebe, weil wir damit das Rechnen abgeschafft haben. Man kann diese Tatsache zwar ignorieren, aber man kann nicht ohne sie rechnen; dass sie den meisten Menschen zeitlebens nicht zu Bewusstsein kommt, muss ja nicht unbedingt gegen sie selbst sprechen, sondern kann auch am Bewusstsein liegen. – Man kann richtig denken, ohne an die Denkgesetze selbst zu denken und ohne sie zu verstehen; man braucht sie bloß richtig zu befolgen. Und man kann dies sogar sehr weitgehend, obwohl man sie leugnet. Nur wenn man dann auch daraus die Konsequenz zieht und sie im Ernst verleugnet, besieht man jenen toten Punkt, an dem einen der Verstand stehen bleibt. Das zählt dann zur Sünde wider den Geist – wider den eigenen und den heiligen Geist. Und wem es damit wirklich todernst damit ist, der ist in seinem Ernst bereits begraben.

An diesem toten Stand- und Verstandespunkt gerät denn auch der philosophaselnde Pseudologiker mit seinem Satz vom Widerspruch in jene üble, ausweglose Klemme, in welcher er mitsamt der anerkannten Wissenschaft heute seinen verfahrenen Karren festgefahren sieht. – An diesem toten Punkt beginnen seine endlosen, nichtssagenden Diskussionspalaver mit jener ganzen Ratlosigkeit, die im Grunde Gottlosigkeit ist. Und an diesem Punkt hören für den Einsichtsvollen alle Gespräche auf, weil ihm hier die grundsätzliche Unbelehrbarkeit des Gesprächspartners zur Erkenntnis gekommen sein muss. Hier kommt ihm voll zur Besinnung, dass er sein Gegenüber nicht für voll bei Besinnung erklären und ein vernichtendes Urteil sprechen müsste; und wer einmal diese Klarheit gefunden hat, hat damit auch schon das Bewusstsein erlangt, dass es nicht sein Urteil ist, sondern Gottes Urteil; und dass folglich gar nicht er es ist, der da noch etwas zu richten hätte, sondern dass bereits Jesus vor 2000 Jahren als Gottes und des Menschen Sohn diesen Standpunkt des letzten Gerichts eingerichtet und bezogen hat. – Nicht indem er verurteilt hätte, sondern indem er die Wahrheit des Menschen aufgerichtet hat, die der Mensch lediglich wahrnehmen kann, so wahr sie gegeben ist, oder sich eben um seine eigene Menschlichkeit bringen muss, indem er dem eitlen Widerspruch verfällt.

> Das sind die geheimen Worte, die Jesus der Lebendige sprach und die Didymus Judas Thomas aufgeschrieben hat. (Logion 1)

Und er sprach:

> Wer die Deutung dieser Worte finden wird, wird den Tod nicht kosten. (Logion 1)

Jesus sprach:

> Wer sucht, höre nicht auf zu suchen, bis er findet. Und wenn er findet, wird er verwirrt werden und wenn er verwirrt wird, wird er sich wundern und er wird herrschen über das All. (Logion 2)

Wer von der vollen Wucht dieser Worte getroffen wird, mit welcher der Apostel Thomas sein Evangelium eröffnet, wird wissen, dass im Laufe der Menschheitsgeschichte nur Einer so gesprochen hat und an ihm scheiden sich die Geister. Wer das begreift, hat gar keine Alternative mehr, weil sich ihm kein vernünftiges Wort mehr zu einem Widerspruch fügt. Ist dieser Jesus der Lebendige dann sind wir es auch. Wäre er bloß ein Scharlatan, dann hätten wir uns damit als seine Narren erklärt und hätten auch nur eine Diagnose, die alles besagt. Wem hier die Wahl schwerfallen sollte, hat schon keine mehr, er ist damit schon unter die Diagnose gefallen und wird verwirrt werden. Also hat er auch noch Aussicht, sich zu wundern und am Ende doch zu herrschen über das All.

So oder so aber gibt es keine Alternative, für den, der diese Worte wirklich hört und sie zu deuten sucht.

Wenn uns klar geworden ist, dass alles Zählen und Rechnen von Anfang an mit Einheiten geschieht, deren Teilungen uns ihre Mitteilungen machen und dass auf diesem *ersten Prinzip der Zahl* alles Urteilen und Einteilen gründet, werden wir im Satz vom Widerspruch wie im Satz der Identität nicht die Haupt- und Grundsätze der höchsten Logik und des Geistesreiches erkennen, sondern sie als das einsehen, was sie sind: Ein Versuch den Menschen festzunageln, so recht und schlecht, als es eben geht. – Auch Jesus hat sich mit durchaus handfesten Nägeln durch die Vertreter des Widerspruchs an zwei Balken festnageln lassen, um der Welt auf diese Weise zu zeigen, dass sich damit auf die Dauer wenig ausrichten lässt. Der lebendige Realismus des Christenmenschen ist dadurch nicht aus der Welt geschafft worden und auch die Pharisäer sind nicht ausgestorben und so unbelehrbar geblieben, wie eh und je.

Auch das ist nur eine – Feststellung; denn wer im Glauben lebt, die Unbelehrbaren belehren zu können, wäre selbst einer. Aber darüber hinaus gibt es auch die Belehrbaren, die weder notwendig im Widerspruch mit den Aberglaubensbrüdern leben müssen noch identisch mit sich selbst sind, da sie nicht mehr in kindlichen Begriffen festgefahren sind. Im Stadium der Reife haben sie sich eins erklärt mit der höheren Logik des Höchsten und mit dem lebendigen Realismus des Lebendigen. Es kommt eben für den Menschen darauf an, mit wem er sich identifiziert: – Mit einem Häufchen Unglück, das nach physikalischen Feststellungen eindeutig als Masse determiniert werden kann; – oder mit Demjenigen, der er aus dem Reiche des Geistes und aus der Kraft des Wortes *Mensch* ausgesprochen ist, mit der Gabe seiner mentalen Verantwortung.

Der Mensch ist der oder das, womit er sich identifiziert und damit widerspricht auch er – dem Satz vom Widerspruch.

Doch dies ist durchaus keine logische Notwendigkeit und darum könnte es auch ebenso gut umgekehrt sein: Der Satz vom Widerspruch widerspricht dem Menschen.

29.) Was die Zahlen erzählen

Das erste Prinzip aller Einteilung ist die Einheit, mit deren Teilung Mitteilung wird, was sie nennt und zählt: Die Zahl.[41]

Sie erzählt uns die Ordnung des Raumes, dessen Grundprinzip die Dimension ist, die ihn als ein zweites Prinzip ausweist.

Sie teilt uns ferner die Zeit ein, die sinngemäß als ein drittes Prinzip nur als eine Dreiheit erzählt werden kann – wie z.B. Zukunft, Gegenwart, Vergangenheit.

Und so wird sie uns als Viertes Prinzip das Sinngesetz der Raumzeit nennen, deren Einheit als „Geist der Materie" zählt. Und hier kommen auch die kühnsten Atomphysiker nicht einfacher klar als mit einer Vierheit. Als Beispiel dafür mag die bekannte *vierte Dimension* gelten, die selbst wiederum auch nicht etwas Einfaches, sondern mindestens etwas Vierfaches ist.[42]

An unseren Fünf Fingern können wir uns hernach abzählen, welches Zahlenprinzip für uns Lebewesen übrig bleibt. Es scheint vom Einzeller bis zum Einzelmenschen eine ganz besondere Geltung zu haben.

Erst mit der Paarung kommt jene Sexualität mit ins Spiel, welche erstmalig am

---

[41] In der Quanten-Matrix gilt das für alle Kategorien; sie haben alle einen Innen-, einen Außen- und einen Teilungsaspekt. Der Teilungsaspekt bringt die jeweilige Kategorie durch die besondere teilende Erschaffung des Innen- und Außenaspekts hervor.

[42] Genau hier unterscheidet sich das aus all diesen Überlegungen hervorgegangene Modell der Quanten-Matrix, das im Buch „Tanz der Quanten" beschrieben ist. Als 3. abstrakte Kategorie mit ihren Prinzipien und Aspekten (die Quanten-Matrix ist ein Kategorienmodell) gilt die Form und erst als 4. abstrakte Kategorie die Zeit. Allerdings handelt es sich bei der Auflistung in diesem Buch hier um eine Entwicklung der Zeitlichkeit in die Welt hinein, wie das gesamte Buch die Welt aus der interessanten Perspektive der Zeit betrachtet. Hier geht es also erst einmal um die Spuren der Zeit, beachtet aus den abstrakten Kategorien in die Welt hinein. Gespiegelt werden diese abstrakten Kategorien in der Quantenmatrix von den Geisteskategorien. Diese werden von dem Autor in einem anderen Werk skizziert und wurden für die Quanten-Matrix übernommen. Wer das Wesen der Verschränkung verstehen will, braucht die Gegenüberstellung von abstrakt und real (*real, realisieren* =geistig), oder wie es im vorigen Kapitel beschrieben war, das *Etwas* in Bezug zu *Jemanden*.

sechsten Tag der Genesis angedeutet wird mit den Worten:

Mit dem siebenten Tag beginnt sodann die Geschichte des Menschen – bis zum heutigem Tag – mit ihrer merkwürdigen Zeitrechnung nach 7-Tage-Wochen über dieses siebente Prinzip hinaus schließt sich dann unsere Dekade als das System der ersten Zahlen gleichsam wieder zu einem Kreis:

Die Acht wiederholt die ersten drei Zahlen als jene Einheit, welche die Zwei zur Dritten Potenz darstellt: 2^3.

Die Neun tut ein ähnliches als eine 3^2.

Die Zehn vertritt eigentlich nur die merkwürdige Zahl Null, welche wir am Anfang nicht erwähnen durften, weil wir sie erst am Ende verstehen können; denn sie stellt beides dar: Anfang und Ende die in einem Punkt den Kreis schließen und eröffnen, den sinngemäß auch ihr Zeichen beschreibt – 0.

Vielleicht nennt man diese Er-Zählung nur eine nette Wort- und Zahlenspielerei. Mit Leuten dieser Art muss man rechnen; denn sie nehmen nur mathematische Resultate mit großen Zahlen ernst. Ich rechne mich selbst mit dazu und darum habe ich mir unter anderem Folgendes vorgerechnet:

$$1 + 2 + 3 + 4 + 5 + 6 + 7 = 28 = 8 + 9 + 10 + 1$$

Beim Zusammenzählen ergeben die ersten 7 Zahlen der Dekade 28; die restlichen 3 Zahlen 27 – zusammen 55 mit der Ziffernsumme $5 + 5 = 10$. – Die überzählige 1 eröffnet den Kreis der Zweistelligen Zahlen mit der 11« (Ziffernsumme sinngemäß $1 + 1 = 2$)

Aber für wirklich ernste Leute ist natürlich auch das noch Spielerei; es muss auch mit einem Dreistelligen Resultat gehen:

$$1 \times 2 \times 3 \times 4 \times 5 \times 6 = 720 - 8 \times 9 \times 10 = 2 \times 360$$

Besonders kritische Leute werden selbstverständlich die 7 urgieren; nehmen wir die mit hinzu, dann wird es vierstellig:

$$1 \times 2 \times 3 \times 4 \times 5 \times 6 \times 7 = 5040 = 7 \times 8 \times 9 \times 10 = 14 \times 360$$

Das Produkt aller Zahlen der Dekade ist daher

$$5040^2/7 = 254.016/7 \times 100 = 3628.800 = 28 \times 360^2 = 28 \times 129.600$$

Nun wird die Sache interessant, denn:

$$1 + 2 + 3 + 4 + 5 + 6 + 7 = 28 \qquad = 28 \times 360^0$$
$$1 \times 2 \times 3 \times 4 \times 5 \times 6 \times 7 = 28 \times 180 \qquad = 14 \times 360^1$$
$$1 \times 2 \times 3 \times 4 \times 5 \times 6 \times 7 \times 8 \times 9 \times 10 \qquad = 28 \times 360^2$$

Es ist doch immerhin ein erstaunliches Resultat, dass da Septime und Dekade der Einer-Zahlen bei additiver oder produktiver Mehrung – ausgerechnet auf jene beiden Zahlen 28 und 360 hinauslaufen, die bei jedem Menschen sofort zwei ganz bestimmte Assoziationen auslösen müssen:

360 – die Grad- Einteilung des Kreises

28 – der Zyklus der weiblichen Periode von 28 Tagen, der zugleich $28 \times 10 = 280$ der Maßstab für den Entwicklungstermin des Menschen vom Keim bis zum Kind ist, als das er geboren wird. Beide Assoziationen sprechen eigentlich den gleichen Gedanken aus, denn Zyklus und Kreis meinen in geschichtlichem Sinne Eines: – Den Kairos.

Der Kairos ist in der Erzählung der Zahl, die Pointe. Wer sie erfasst, begreift sofort, dass er von Anfang an die Geschichte des Menschen erzählt. Es gehört nur ein Augenblick Geistesgegenwart dazu – jener eine Augenblick – den die Menschheit im Laufe ihrer ganzen Geschichte nur ein einziges Mal vorher schon gehabt hat – im Menschensohn, dem Herrn des Äons.

30.) Die Biorhythmen

Wer die Pointe dieser Geschichte verstanden hat, wird finden, dass sie eine Fülle von Fortsetzungen hat. Eine davon stellt sich uns dar in den von meinen Kollegen Dr. Fließ entdeckten und von zahlreichen anderen Forschern auf empirischem Wege nachgewiesenen periodischen Lebensterminen von 25, 28, und 33 Tagen, die sich als periodische Schwingungen oder Sinuskurven – gleich den physikalischen Wellen – anschaulich darstellen lassen und in ihrer Gesamtheit ein Bild vom Pulsschlag der Vitalität (d.h. der Lebensenergie) im Laufe der menschlichen Lebensgeschichte ergeben.

Wenn die Darwin'sche Ontho-Phylogenese stimmt, kann man erwarten, dass sich die gleichen Perioden auch in die Genese der höheren Lebewesen zurückverfolgen lassen; und das ist in der Tat gelungen. Der genetische Rhythmus konnte über die Tierwelt sogar bis in die Keim- und Blütezeiten der Pflanzen zurückverfolgt werden und erstreckt sich auf Krisen, Erkrankungen und Sterbedaten, so dass vermutlich auch die ganze Cyclogenese der Mikroben unter diese bio*logische* Terminregel fällt.

Wenn das Leben – gemeint ist das Zeitleben bzw. Zeitausleben – seinem wahren Ursprung nach wirklich nur die Folge von Lebenslauf im Gegensinn zum Zeitlauf ist, dann ließe sich auch kein anderes Resultat erwarten, weil nichts anderes denkbar wäre. Die Stringenz ist in den Fundamentalbereichen [abstrakten Kategorien] der Zeit, des Raumes und der Zahl so stark, dass dem Verstand nur die Alternative bleibt, sie anzuerkennen oder – davor stehen zu bleiben.

Wer sich unbefangen diese drei biorhythmischen Zahlen anblickt, findet die bereits bekannte Zykluszahl 28 wie auf Verabredung in der Mitte zwischen 33 und 23 und erkennt im Unterschied der beiden Werte die Dekade: $33 - 23 = 10$

$$28 + 5 = 33$$

$$28 - 5 = 23$$

Wir könnten uns mit Recht die Frage stellen, ob die Dekade nicht auch in jenem vierten Fundament nachweisbar sei, das wir in der Raum-Zeit oder im Geist der Materie erblicken; und sie lässt sich bejahen. Dafür nur zwei Beispiele:

a) Die Gestirne am Himmel unserer Erde sind eine makrokosmische Dekade:

1	-	Pluto
2	-	Neptun
3	-	Uranus
4	-	Saturn
5	-	Jupiter
6	-	Mars
7	-	Mond / Erde
8	-	Venus
9	-	Merkur
10	-	Sonne

Die Septime innerhalb der Dekade wird auch hier auf den ersten Blick deutlich, von welcher Seite man die Gestirnreihe auch betrachten mag: Der Außengürtel – von der Erde an gezählt – enthält die 7 Gestirne von Pluto bis Mond; der Mond – als das 7. Gestirn – kann wegen seiner besonderen Stellung als Trabant der Erde auch die Funktion eines *Gestirns im Innengürtel* einnehmen, analog dem Siebener in der Zahlenreihe:

$$1 \times 2 \times 3 \times 4 \times 5 \times 6 \times 7 = 7 \times 8 \times 9 \times 10 = 5040$$

Die jeweilige Funktion hängt astronomisch davon ab, welche Stellung der Mond der Sonne gegenüber einnimmt; in den beiden äußeren oder Vollmond-Vierteln ist er äußeres Gestirn; in den beiden Neumond-Vierteln ist er inneres Gestirn.

Auch die alten Astrologen zählten eine Gestirn-Septim; allerdings deshalb, weil ohne Fernrohr nur sieben Gestirne sichtbar sind. Auch die Reibe von Sonne bis Saturn zählt sieben Himmelskörper.

Was den Mikrokosmos betrifft, so dürfte heute kaum ein Zweifel darüber bestehen, welche Bedeutung die periodische Ordnungszahl der chemischen

Elemente hat. Ebenso unbestritten anerkannt ist die hervorragende Bedeutung des Wassers durch ganz bestimmte Eigenschaften, die ihm unter allen chemischen Verbindungen der Natur eine zentrale Sonderstellung einräumen[43]. Nun ist aber das Wassermolekül chemisch H^2O:

$H^2O =$ 2 × 1 H-Molekül mit der Ordnungszahl 1   = 2

+   1 O-Molekül mit der Ordnungszahl 8   = 8

Summe: =10

Das Wassermolekül erweist sich chemisch als eine Ordnungszahl-Dekade und damit als eine elementare Einheit fundamentaler Natur. Ohne Wasser gäbe es weder ein Erdenleben noch eine Biologie.

Ein kurzer Seitenblick auf jene Elemente, welche in der Biochemie eine ähnliche Hauptrolle spielen, führt uns auf die Ordnungs- Zahlen 6 und 7. Und damit haben wir unsere zentralen vier Elemente

1 = H – Wasserstoff

6 = C - Kohlenstoff

7 = N - Stickstoff

8 = O – Sauerstoff

Als Kohlenwasserstoffe, Radikale und auch in manch anderer Hinsicht nehmen sie die beherrschende Rolle in der Chemie ein. Wir erinnern uns, wie z.B. der Säuregrad – und damit das Anartatische Grundgesetz von Dr. Günter Enderlein an die elektrolytische Spaltung des Wassers gekoppelt ist, welche erfolgt in:

     OH   =   9   Alkali

und H   =   1   Säure

Hierbei dürfte einen Begriff von der Kabbalistik der modernen Chemie bekommen; – allerdings auch von jenen modernen Chemikern, die mit größter

---

[43] Hier sei auch auf die Arbeiten des österr. Forschers Viktor Schauberger verwiesen. In Deutschland haben u.a. Manfred Jahreis und Hartmut Wolf dazu weitere Versuche im Bereich der ontologischen Wirbelforschung unternommen, die aber weitgehend unbekannt und auch undokumentiert geblieben sind.

Wissenschaftlichkeit nichts davon wissen wollen. Es ist ihnen wissenschaftlich nicht bekannt, dass sie 10 Finger haben.

Kabbala heißt auf Deutsch „*Macht der 22*". Zählen wir die erwähnten 4 Elemente ihrer Ordnungszahl nach zusammen:

	1	-	H	Wasserstoff
	6	-	C	Kohlenstoff
	7	-	N	Stickstoff
	8	-	O	Sauerstoff
Summe	22	-	oder auf gut wissenschaftlich „*purer Zufall*"	

Ich will aber damit nicht den Zahlensinn gegen den Widersinn ausspielen, sondern einen weit interessanteren Sinnzusammenhang andeuten, welcher die biorhythmische Zahl 23 in den Mittelpunkt stellt, nämlich den Sinnzusammenhang zwischen:

$$22 \quad 23 \quad 24$$

Eine biorhythmische Periode hat 23 Tage zu 24 Stunden. Und unsere Stunden-Uhr hat 12 Ziffern mit 2 Zeigern, welche bei einem vollständigen Kreislauf – 11 Konjunktionen (Zeiger-Deckstellungen) und bei 24 Stunden eben 22 Konjunktionen ausführen. – Bei einem 24-Stunden-Zifferblatt wären es daher 23.

In der Verlängerung von 11 und 22 liegt 33.

Eine andere Überlegung bietet sich an, wenn wir ganz analog dazu eine Konstellation betrachten wie

$$10 \quad 23 \quad 36 \qquad \text{Dekade } 10 \times 36 = 360$$

$$360° \triangleq \text{der Kreis}[44]$$

---

[44] $\triangleq$ bedeutet „*entspricht*"

| 11 | 23 | 35 | $35 / 10 = 3.5$ (oder $1 + 2 + ½$) |

$1 \triangleq$ Einheit, $2 \triangleq$ Mehrung, $½ \triangleq$ Teilung

| 12 | 23 | 34 | $34 \times 36 = 1224$ |

Zeitsekunden, Jahres-Präzession

| 13 | 23 | 33 | 13 = Differenz zwischen | $10 - 23 - 36$ |

10 = Differenz zwischen $\quad 13 - 23 - 33$

$33 \triangleq$ 3. Biorhythmuszahl

$36 \triangleq$ der Zeitrechnungsfaktor

In Anbetracht der Tatsache, dass der Tag $24 \times 36 \times 100$ Sekunden hat – ein Raster, mit dem wir unsere Zeit-Rechnungen durchführen – ergibt sich somit als 4. Biorhythmen-Zahl 36, die ohne theoretische Überlegung einfach empirisch nicht auffallen konnte, weil sie in der seltsamen Tatsache der Ganz-Tätigkeit aller Bio-Perioden, nämlich in den 24 Stunden = 24×60 Minuten = $24 \times 36 \times 100 = 86.400$ Sekunden selbst schon mitenthalten war und als Selbstverständlichkeit in die Rechnung miteinbezogen wurde.

Denn der ganze Tag ist nicht nur eine biorhythmische Zeiteinheit; er ist auch selbst schon der fundamentale Biorhythmus. Um das mit voller Klarheit zu erkennen, dürfte jetzt die Frage an der Zeit sein, ob das wirklich die ganze Wahrheit vom Tag ist oder ob das Wort *Tag* nicht noch andere Bedeutung hat?

31.) Der Tag

Fragen Sie sich doch einmal selbst und gerne auch ihre Nachbarn, was ein Tag ist. Ich gebe ihnen eine Antwort, die Sie kaum erwarten dürften.

Wer der Meinung wäre, der Tag sei eine Zeiteinheit, hat natürlich zum Teil recht; doch um diese andere Mit-Teilung machen zu können, braucht man die entsprechenden Teilungen dieser Einheit, wie etwa

$$1 \text{ Tag} = 24 \text{ Stunden} = 1440 \text{ Minuten} = 86400 \text{ Sekunden}$$

Diese *Eine Zeit* setzt sich astronomisch aber schon zusammen aus *Zwei Zeiten* und ist deren *Halbe Zeit* oder Mittelwert:

1 mittlerer Sonnentag in Sternzeit « 24h 03m 56,555s

1 Stern-Tag in Sonnenzeit   =   23h 56m 04,091s

Bürgerlicher Tag   =   24h 00m 00s

Die Sekundenbruchteile verraten, dass diese Zeitrechnung nicht ganz so glatt aufgeht, wie es hier dargestellt ist. Doch der Tag ist nicht nur ein Zeit-Thema; und wenn die Genesis die ganze Schöpfung als eine Tagesanordnung erklärt, dann erkennt sie mit dem ihr eigenen Realismus den Tag als die Zeit-Raum-Einheit des Lebens.

Dieser Zahl-Raum-Zeit-Ordnung nach gibt es eigentlich nur 7 Tage, von denen die ersten 6 Tage die statische 6-Schichten-Ordnung des himmlischen Schöpfungsplanes darstellen und so als eine geistige Geschichte der gegebenen Fundamente zu verstehen sind. – Der 7. Tag wandelt dieses statische Schichten-Gefüge in eine dynamische 7-Tage-Woche, in welcher wir gegenüber der geistigen Dauer das lebendige Element aller zeitlichen Wandlung zu sehen haben.

Doch der Tag entspricht als Einheit nicht nur der Einheit der Zahl im Zeitraum des geschichtlichen Erdenlebens – also gleichsam als *Einzahl der Zeit* – sondern er ist vor allem – nämlich da, wo er in der Genesis zuerst *Tag* genannt wird – der Name des Lichts:

Und Gott nannte das Licht Tag und die Finsternis Nacht. Da ward aus

Dieser Wortlaut spricht aus, dass der Tag in seiner Bedeutung als Name des Lichtes den Vorrang vor jener zweiten Bedeutung als zeitliche Einheit hat.

Es mag uns heute eigenartig berühren, dass dieser Text einem Autor vor 3500 Jahren zugeschrieben wird; – nicht nur wegen der ausgerechnet 3,5 Jahrtausende, die nach einem anderen Wort vor Gott wie 3 ½ Tage = ½ Woche sind und das ist 1 Zeit + 2 Zeiten + ½ Zeit, sondern vor Allem, weil mit diesem Namen eindeutig die räumliche Feld-Natur des Lichtes zu Tage kommt, deren wissenschaftliche Entdeckung durch Maxwell und Hertz noch kaum ein Jahrhundert alt ist.[45] Wir können uns schwer vorstellen, dass Mose damals schon gewusst haben sollte, was uns selbst heute noch gar nicht so recht einleuchten will, nämlich, dass das Licht ein elektromagnetischer Radius des Himmels-Raumes ist, geschieden von seiner Gegenrichtung zur Finsternis im Inneren der Erde; von der mächtigen Schattenseite der Schwere.

An die physikalischen Zusammenhänge von Licht und Finsternis – bzw. elektromagnetische Strahlung und Gravitation – kommen wir auch heute nur heran, indem wir die Sinnrichtungen von Tag und Nacht scheiden:

> Und Gott sah, dass das Licht gut war. Da schied Gott das Licht von der Finsternis und nannte das Licht Tag und die Finsternis Nacht."
> Mose, Gen. 1, 4-5

Oder wir tappen höchst wissenschaftlich im Dunkeln. – Denn wir bekommen kaum viel mehr heraus, als dass das sogenannte elektromagnetische Feld eine Sphäre ist, die als Grenzfläche jene beiden Sinnrichtungen scheidet:

1. Den zentrifugalen Radius des Lichtes – bzw. die elektromagnetische Welle – im Sinne der Linke-Hand-Regel.
2. Den zentripetalen Radius der Schwere – bzw. die Gravitation – im Sinne der Rechte-Hand-Regel.

Außerhalb der Sphäre ist der Raum des Lichtes, der Tag; er ist der Himmelsraum der Erde. Innerhalb der Sphäre ist der Raum der Finsternis, die Nacht; sie ist der

---

[45] Michael Faraday dürfen hier eventuell auch erwähnt werden. – Anmerkung des Herausgebers

materielle Raum jener Erde, die der Gegenstand ist, der dem Himmel entgegensteht. Die Erde ist des Himmels Körper. Sie verkörpert den Himmelsraum des Lichtes genau im Sinne des Wortes, indem sie ihre gegenständliche Grenzfläche als Körperoberfläche im Lichte des Raumes an den Tag legt.[46]

Mit dieser Tatsache ist das Geheimnis jenes Tatbestands ausgesprochen, der heute im Brennpunkt unserer Grundlagenforschung steht: Das Geheimnis der Materie. Es ist nur im Lichte des Raumes zu ergründen – oder gar nicht. Und damit ist Materie ein Geheimnis von Zahl und Zeit, wie dies Erwin Schrödinger so scharfsinnig nachgewiesen hat. Und dieses Raumes Licht ist in Wahrheit das erste Wort der Geisteskraft[47] Gottes und durch dieselbe gut geschieden von der Finsternis.

Erst dadurch ist: *Tag und Nacht*

Raum und Zeit

und *Zeit-Raum.*

Denn Zeit-Raum ist die Verbindung von Raum und Zeit, die erst auf Grund jener Scheidung von Licht und Finsternis möglich geworden ist. Und wir erkennen, wie sich aus der Perspektive dieser Kraft in der Tat die Materie als Zeit-Raum-Einheit darstellt – nach der Genesis des Mose, nach Kant und Schopenhauer, nach Einstein und Schrödinger und nach allen Konsequenzen der Physik, sofern wir nur gewillt sind, dieselben zu ziehen.

---

[46] Hier werden zwei Dinge interessant. Erstens ist z.B. das extrem helle Licht der Sonne gleich neben der Sonne unsichtbar. Es wird nichts hell, solange nichts da ist, das dem Licht entgegensteht. Zum anderen zeigt auch der Mensch eine Entsprechung dieser beiden Seiten – Tag und Nacht – allerdings gespiegelt. In ihm ist die Sonne des Geistes. Und sie ist auch der Empfänger des Lichts. Denn nicht im Gehirn wird es hell, wenn die Sonne scheint, sondern die Welt-Bilder im Geist zeigen die Helligkeit der Sonne. Und dieser Helligkeit steht der physische Außenkörper als Gegenstand dem „inneren" Geist entgegen und macht ihn so sichtbar und erlebbar. – Anmerkung des Herausgebers

[47] Bzw. Geistes*macht*. Im Modell der Quanten-Matrix (Buch: Tanz der Quanten) stellen wir Kraft und Macht komplementär gegenüber. Die *Kraft* ist ein Prinzip der kausalen Einflusssphäre („Erde") und die *Macht* liegt den phänomenalen Einflüssen zugrunde („Himmel"). Diese begriffliche Ausdifferenzierung ist manchmal wichtig. – Anmerkung des Herausgebers

Haben wir in der Materie die verbindliche Zeit-Raum-Einheit, dann erkennen wir in der Kategorie Raum das Prinzip der Teilung und in der Kategorie Zeit die Mitteilung der Kraft, welche sich im räumlichen Kraft-Feld (des Himmels und der Erde) als der Radius-Vektor ausspricht für Wandlung und Dauer.

Wir können diese beiden natürlich auch die Konstanten und Variablen der Natur nennen.

So sehen wir, dass im Bereiche der Wirklichkeit die Einheit immer und überall nur zusammen mit Teilung und Mit-Teilung gegeben ist und nur auf diesem Wege zu Stande kommen kann.[48]

Sobald wir diese Wahrheit bis in ihre letzten Konsequenzen hinein wahrnehmen, erleben wir etwas von jener lebendigen Dynamik, welche das Reich des Geistes in seiner ganzen Reichweite und nach allen Sinnrichtungen hin durchwirkt, um es als ein in sich geschlossenes, ewig währendes Prinzip zu offenbaren.

Solange wir uns aber Einheiten als letzte unteilbare Teilchen denken, haben wir uns damit auch die Wege zu wahrer Einteilung und Mitteilung höchst einfach und praktisch verbaut und den handlich bequemen Bremsblock geschaffen, bei welchem uns mit einem Ruck von Anfang an – der Verstand stehen bleibt. Für die träge Masse der Kleingeister mag diese Beschränkung auf den Bereich der Finsternis als Dauerzustand begrüßenswert sein. Peinlich wird es allerdings, wenn man damit die Größe des Universums ermessen zu können glaubt, weil sich das dann nur als Vermessenheit zeigen kann.

Denn die ganze Größe des Geistesreichs ist gegründet auf jene Spannkraft des Wortes, welches über alle Teilung hinweg die verbindlichen Akzente zur Mitteilung des Einen setzt. Und diese Mitteilung wird nur dann vollkommen für uns fassbar, wenn uns deutlich zu werden vermag, wie die Kraft des Geistes durch das Wort mit einem jeden Satz im gleichen Augenblick seinen Gegensatz ausspricht; und wenn uns außerdem auch noch innewird, was dies bedeutet und wieviel es uns zu sagen hat – nämlich alles.

---

[48] Insofern kann die Verallgemeinerte Quantentheorie nach H. Römer wie im Buch „Tanz der Quanten" auch als Kommunikationstheorie verstanden werden. Siehe auch: „Quanten, Komplementarität und Verschränkung in der Lebenswelt – Verallgemeinerte Quantentheorie", Hartman Römer, LIT-Verlag 2023, ISBN: 978-3-643-15378-4. Anmerkung des Herausgebers

So eben ist die Einheit als Ein-Zahl und Mehr-Zahl ausgesprochen, oder es ist nichts gesagt. Wer die Eins nicht teilen und mehren kann, zählt nicht und kann nicht zählen – weil er die Zahlen nicht verstanden hat.

32.) Das Erste Wort

Wenn es der Mit-Teilung des Wortes in einem so streng mathematischen Sinne ernst ist, taucht allerdings die entscheidende Frage auf, wo dieser heilige Ernst des Wortes in aller Welt noch so ganz und heil zu finden sei, dass wir ihn auch seiner Wahrheit nach wahrnehmen können.

Meine Antwort wäre: Probieren wir es einmal mit der Heiligen Schrift. Das Titelwort könnte am Ende ernst gemeint sein und so machen wir gleich einen Anfang mit dem Ersten Wort. Das *Buch der Bücher* beginnt mit dem Satz:

Am Anfang schuf Gott Himmel und   Erde.

1   2   3   4   5   6   7

Wir finden hier 7 Worte – also der Zahl nach eine Wort-Septime – zu einem schlichten Satz zusammengeschlossen, aus dem uns auf den ersten Blick drei Hauptbegriffe offenbar werden:

1.   Anfang   -   Zahl -   1

2.   Himmel   -   Raum -   2

3.   Erde   -   Zeit -   3

Der 4. ist Gott, der im Satz auch das vierte Wort genau in der Mitte einnimmt, wie es sich für einen Bauherrn der Schöpfung auch wohl gehört. Wer dieser Gott ist, ist uns allerdings nicht auf den ersten Blick offenbar; doch soviel wir hören, ist er in diesem Worte der einzige Jemand unter diesen drei Dingen – ihr Schöpfer: Der *Prinzpes* der 3 ersten Prinzipien.

Diese Geheimnisvolle sprach – wie wir im vorigen Kapitel gelesen haben – erst das Licht aus und hernach den Namen des Lichtes: *Tag;* - womit auch wiederum gleich die Finsternis einen Namen bekam: *Nacht.*

Damit ist ausgesprochen, was für eine tiefsinnige Bewandtnis es mit dem Tag hat: Er ist nicht allein ein physikalisches Problem jener Tageshelle des Lichtes; er ist vor allem ein Problem des Namens, bei dem das Licht genannt worden war.

Dieses Problem aber stellt sieh dar in der Frage nach dem Wort, nach dem

Sprecher und nach Sinn und Bedeutung seiner Ausgesprochenheit.

Das Licht hat – wie wir in der Genesis erfahren – gleichsam einen Namenstag, der zugleich sein Geburtstag ist: Der Erste Tag. Und darum ist *Tag* sein Name.

Welche Bedeutung aber hat dies Namens-Wort? – Die Sprache hat eine ganze Anzahl Worte – und es sind vor allem die Fremd-Worte, die sich leicht deuten lassen, indem sie uns in irgendeiner Weise mit einem Deut in die Richtung ihrer Richtigkeit weisen. Wir brauchen diesem Deut nur zu folgen, um in voller Deutlichkeit zu verstehen, was sie bedeuten.

Eine große Zahl anderer Worte – wie etwa *Wort, Zahl, Raum, Zeit* und so auch der *Tag* – sind aber von so weit umfassender Bedeutung, dass ein ganzes Universum darin Raum zu haben scheint; und ein solches hat nicht nur eine, sondern eine ganze Ordnung an Sinnrichtungen und Sinnrichtigkeiten.

Und so gibt es auch viele Weisen, das Wort *Tag* zur Tagesordnung sprechen zu lassen, von denen eine jede etwas anderes erhellen mag und die alle nach der Weise ihres gemeinsamen Sinnzusammenhangs viel Weisheit an – den Tag legen können. Doch wer all die himmelweiten Bedeutungsunterschiede dieses Wortes zu Tage fördern wollte, um sie einhellig auf einen gemeinsamen Nenner zu bringen, müsste wohl sein Lebtag damit zubringen und fände doch kein Ende.

Diese große Zahl von Namensbedeutungen und unser Bestreben, sie alle auf ihren gemeinsamen Nenner zu bringen, um die Zähler zu einer richtigen Er-Zählung zu verbinden, – weisen uns in das Reich der Zahl. Der gemeinsame Nenner ist jener Teiler der Mitteilung, mit dem der Eine zu Tage tritt in der Einheit von Namen, Nenner und Wort.

Wenn uns das Namens-Wort *Tag* wirklich eine wahre Mitteilung macht, dann wird hier mit Teilung der Einheit gewiss unser Erstes Prinzip dabei zu Wort kommen und seine Wahrheit bewähren.

Hat wirklich alles seinen Flucht-Punkt prinzipiell in der Zahl; und das Prinzip der Zahl seine Bedeutung wiederum aus Mitteilung des *Prinzeps*; und ist dieser *Prinzeps* in Wahrheit das verantwortliche Wort; dann werden sich wohl auch unsere deutschen Worte in Treue zum Königs-Wort verhalten und den *Prinzeps* und sein Prinzip mit ihrer Redlichkeit vertreten; sie werden deutlich machen, wieviel sein Wort zu sagen hat und was es gilt.

Also werden auch dann die vielen Sinnrichtungen eines deutschen Wortes ihren gemeinsamen Flucht-Punkt in seiner Worteinheit haben, um von dort aus über eine sinnrichtige – dem ersten Prinzip der Zahl entsprechende – Teilung die vom *Prinzeps* gegebene Mitteilung zu machen. Aus diesem gemeinsamen Flucht-Punkt lassen sich dann wahrscheinlich auch mit mehr Erfolg alle Bedeutungs-Perspektiven und Aspekte eines Wortes verfolgen. – Wir machen uns damit jene Wahrheit zu Nutze, die uns Johannes in seiner Offenbarung mitteilt, nämlich dass ein Wesen so durch seinen Namen, wie auch durch die Zahl seines Namens ausgesprochen ist, dass es notwendig seinen Charakter verrät:

> Hier ist Weisheit. Wer Verstand hat, der überlege die Zahl der Tiers; denn es ist eines Menschen Zahl und seine Zahl ist 666."
> Off. 13, 18

Es gibt natürlich genug Leute, die solcherlei Überlegungen für Torheit halten; sie haben es sich selbst zuzuschreiben. Johannes betont ja darum auch zu Recht: „Wer Verstand hat, der überlege …" – denn der Torheit will er ja nicht Vorschub leisten.

Das Namens-Wort des Lichtes *Tag* ist zu den ersten und einfachsten Dingen zu zählen; seine Übersetzung muss also so einfach als möglich sein; und so versuchen wir es einfach mit den gegebenen alphabetischen Ordnungszahlen der 26 Buchstaben (bzw. von 1 bis 26):

Tag: Ziffernsumme 28

T	20
a	1
g	7
Summe für Tag:	28
Summe für 28:	2 + 8 = 10
Summe für 10:	1 + 0 = 1

Und nun überlegen wir, was das Erste Wort der Heiligen Schrift mit seiner Sieben-Zahl zur Tagesordnung spricht:

Am	Anfang	schuf	Gott	Himmel	und	Erde		
1	2	3	4	5	6	7	$\widehat{=}$	3 ½ + 3 ½
1	+ 2	+ 3	+ 4	+ 5	+ 6	+ 7	=	28
			4			× 7	=	28
1	× 2	× 3	× 4	× 5	× 6	× 7	=	5040 4 × 1260 7 × 720
						7^4	=	2401
						28 - 4	=	24

Diese 7 Worte sind ein einziges siebenfaches Weltwunder: Auf den ersten Blick offenbart es das Erste Prinzip des Prinzeps: Der Eine mit dessen Teilung die Einheit der Septime uns Mitteilung macht! Sie ist mathematisch genau. – Teilen wir das 4. Wort *Gott*, so teilen sich uns die 7 Worte des einen Satzes als 3 ½ + 3 ½ Worte bzw. Zahlen mit und die 30 Buchstaben als genau 15 + 15 Buchstaben.

Die Zahlen 4 und 7 haben eine hervorragende Bedeutung, wie aus den Rechenoperationen deutlich hervorgeht. Sie ergeben in der natürlichen Reihenfolge gelesen die Zahl 47.

47 – Zahlenwert folgender Worte: *Zahl, Eins, Sein* etc.

47° = 2 × 23 ½°   23,5 ° ist die Schiefe der Ekliptik

74   In dieser umgekehrter Folge *Jesus*, in dem sich das Wort Gottes lebendig mitgeteilt hat auf Erden

47   Die Summe der Worte   *Adam + Eva*

Die Summe der ersten 7 Zahlen ist 28 – die Namenszahl für *Tag*. 4 Wochen oder eine biorhythmische Sinuskurve von 28 Tagen waren der Ausgangswert der Biorhythmenlehre. Die Rechnung $4 \times 7 = 28$ entspricht dem mathematischen Gesetz, dass die Summe einer solchen Zahlenreihe dem Produkt von Mitte- und End-Zahl gleich ist. Eine Beispiel dafür ist die erwähnte Zahl 666:

$$1 + 2 +,3 + \ldots\ldots 36 \quad = \quad 666 \quad = \quad 18{,}5 \times 36$$
$$666 \quad = \quad 9 \times 74$$
$$666 \quad = \quad 18 \times 37$$

Enttäuschte Gemüter werden vielleicht einwenden, warum dann der Tag nach seiner Namens-Zahl 28 nur 24 Stunden habe. – Sie mögen überlegen, dass die Stunden etwas Zeitliches sind und Gott ein Ewiger.

$$1 + 2 + 3 + \ldots\ldots + 5 + 6 + 7 = 24 \text{ Stunden}$$

Das ist die von Gott (= 4) festgelegte Tagesordnung der 24 Stunden, die Johannes in seiner Offenbarung darum auch jene 24 Ältesten nennt, weil sie nach der Heiligen Schrift eben den ersten und engsten Kreis um Gott bilden.

Die Summe der Zahlenreihe von 1 bis 7, geteilt durch die Zahl der Mitte ergibt – $28 : 4 = 7$ – die 7 Tagewoche.

Das Produkt der ersten 7 Zahlen, geteilt durch die Mittel-Zahl 4 ergibt $5040 : 4 = 1260 = 1$ Zeit $+ 2$ Zeiten $+ \frac{1}{2}$ Zeit $= 3\frac{1}{2}$ Zeiten.

$$= \quad 3{,}5 \times 360 \ldots.. \text{ „Tage"} \ldots. \frac{1}{2} \text{ „Wochen"}$$
$$= \quad 35 \times 36 = \qquad 1260 \text{ Tage}$$
$$= \quad 42 \times 30 \text{ Tage} = \quad 42 \text{ Monate}$$

Also - die Zahlen der geheimen Offenbarung - hier im ersten Wort der Bibel sind sie wirklich eine! Ihr großes Geheimnis ist pur, wie es bis heute eines bleiben konnte! Fassen wir einmal kurz zusammen, was wir bisher durch die Einheit dieser ersten 7 Worte mittels Zahlenteilung als Mitteilung erhalten haben:

1) Das mathematische erste Prinzip des *Prinzeps* von Einheit, Teilung und Mitteilung bzw. Mehrung; als Zahlenformel: $1 + 2 + \frac{1}{2}$
2) Die Ausgangs-Zahl der Biorhythmenlehre - 28 Tage (Summa 1 bis 7)

3) Die 7-Tage-Woche (Sieben-Zahl des ersten Wortes)

4) Die Tagesordnung: 24 Stunden = 1 Tag = 28 - 4 = 24h

5) Dia Ordnungs-Zahl der Kreisteilung = 360°

6) Den kosmischen Winkel der beiden Himmelsachsen von 2 × 23 ½ °,

7) Die Namens-Zahl für das Wort *Tag* = 28

8) Die Namenszahlen für *Adam + Eva* = 47   74 = Jesus

9) Den Schlüssel der apokalyptischen Zahlen

10) Die Kern-Zahl der mathematischen Dekade:

$$1 \times 2 \times 3 \times 4 \times 5 \times 6 \times 7 = 5040 = 7 \times 8 \times 9 \times 10$$

Diese ersten 10 Zahlen haben die merkwürdige Eigenschaft, mit der Anzahl unserer 10 Finger übereinzustimmen und dabei ein Rechensystem zu liefern, dass für dieselben so handlich ist, wie unsere Hand zum Handeln. Abgesehen davon stimmen sie auch mit der Anzahl der 10 Gestirne unseres Erdenhimmels überein.

Gestirnreihe und Zahlenreihe stimmen auch darin überein, dass sie den 4. und 7. Platz in besonderer Weise hervorheben. Aber sie gehen in ihrer Übereinstimmung viel weiter und zeigen noch mehr:

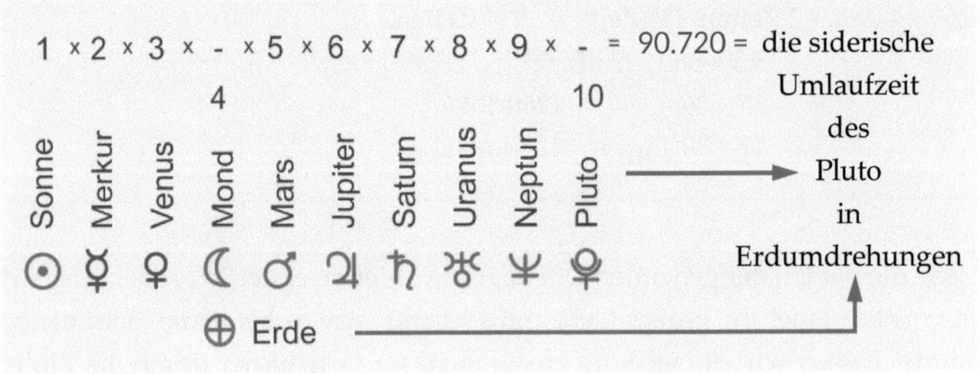

Oder nach anderer Rechnung:

$$\frac{1 \times 2 \times 3 \times 4 \times 5 \times 6 \times 7 \times 8 \times 9 \times 10}{4 \times 10} = \frac{3.628.800}{40} = 90.720$$

90.720 Tage = 360 × 252 × 72 × 1.260 Tage = 248,383 Jahre
In dieser Zeit fasst der Bahnkreis Plutos das ganze Sonnensystem zu seiner kosmischen Einheit zusammen, - zu jener Zahlendekade des Himmelraumes in Erdenzeit.

	Zahl			Raum		Zeit
Am	Anfang	schuf	Gott	Himmel	und	Erde
1	2	3	4	5	6	7
	A			O		E

A   Dieser Abschnitt enthält die Zahlen 1 und 2, welche das erste Prinzip von Einheit, Teilung und Mehrung zur Mitteilung machen: Das Gesetz der Zahl.

O   Gibt uns die Zahlen 3 × 4 × 5 × 6 = 360 – die so den Himmelskreis ermessen und damit den Raum.

E   Enthält nur die Zahl 7, mit welcher das Prinzip der Verbindung der Erdentage zur Woche ausgesprochen ist – die Einheit der Zeit und damit der Zeitlauf des Lebens.

Die Summe aller 7 Zahlen aber ist 28 – die Zahl des Namens, welche Gott seinem Lichte gegeben hat am ersten Tag.

33.) Das Jahr

Wenn die Biorhythmenlehre mit ihren 3 ganztätigen Perioden von 23, 28, 33 Tagen zu 4 × 360 Minuten recht hat, dann ließe sich das ganze Wellenspiel des Lebens auf die 4 Zahlen 23 28 33 36 × 40 (1440) zurückführen, – wobei die letzte Zahl nur die Minuten des ganzen Tages bezeichnen würde, welches die Minuten einer Erdenrotation in Sonnenzeit sind. Nun ist zwar die Achsenrotation der Erde von jener weltbekannten astronomischen Genauigkeit, durch die alles in astronomischen Ziffern vorausberechenbar erscheint – was von den Astronomen selbst vergeblich von Zeit zu Zeit dementiert wird; aber die Sonnenzeit ist ein periodisch schwankender Mittelwert der 365,2422 Sonnentage des Jahres. Durch dieses Jahr kommt nicht nur eine alternierende Zeitgröße mit ins Spiel, sondern auch eine merkwürdige Dezimalzahl, welche sich mit der Ganztägigkeit der Biorhythmen-Lehre schlecht verträgt.

Die alternierende Zeit passt wohl ausgezeichnet in unser theoretisches Konzept, nach dem die Zeit genau das Alternativ des Lebens ist, das mathematisch exakt nach der Wahrscheinlichkeitsrechnung fassbar zu sein hat. – Doch das Problem jener nicht restlos auflösbaren Dezimalzahl ist vorhanden und alle bisherigen astrologischen, esoterischen und mathematischen Versuche, es perfekt zu lösen, haben unzweideutige Schönheitsfehler. Die Biorhythmiker haben es sich bisher leicht gemacht: Sie rechnen nur nach Tagen und diese liefert die Natur nur in ganzen Zahlen. Einen 0,2422 Tag, auf den wieder ein ganzer von Neuem beginnt, gibt, es im Kalender nicht, also hat das Jahr eben 365 Tage; die Schaltjahre müssen als notwendiges Übel mit in Kauf genommen werden.

Nun, das mag hingehen. Aber wie ist das dann mit jenen 365 Tagen? - Wenn es in der Natur einen tatsächlichen Zeit-Lebenskreis gibt, der als Kairos des Pflanzenlebens zur cyclogenetischen Grundlage alles Lebens auf Erden berufen ist, dann müsste dies doch jener Tierkreis mit seinen 12 Monaten und 4 Jahres-Zeiten sein, den die Astronomen *Ekliptik* und die gewöhnlichen Sterblichen *Jahr* nennen – das kosmisch getaktete Uhrwerk des Lebens.

Und wo in diesen 365 Tagen stecken unsere biorhythmischen Perioden? – Wer sucht, der findet:

Die Zahl	365	=	13^2	+	14^2	=	169	+	196 Tage
und	364	=	13	×	28	=	$\dfrac{26 \times 28}{2}$	=	$\dfrac{27^2 - 1}{2}$
						=		=	$\dfrac{3^6 - 1}{2}$

Die Zahl 28 ist jedenfalls auch hier wiederum sofort da! – Das Jahr hat bekanntlich 52 Wochen + 1 Tag, was in $4 \times 28 = 112$ Jahren zusammen mit den Schalttagen …

… $5 \times 28 = 140$ Tage – oder in 224 Jahren = 280 Tage ausmacht.

Von 224 Jahren fehlen aber nur 6 Jahre auf 10×23 Jahre; und 6 Jahre bedeuten + 6 und 1 Schalttag = Woche.

Was nun die 280 Tage betrifft, die in 224×364 Tagen überzählig werden, so finden wir in ihnen den genetischen Entwicklungstermin des Menschen. Ein Blick auf einen Schwangerschaftsterminkalender zeigt, welche wahrhaft terminierende Rolle dieser Zeit-Raum im Jahreskreis einnimmt. So betrachtet gliedern sich nämlich dann die Jahrestage folgender Maßen auf:

365	=	280	+	84	+	1	Tage						
	=	10	×	28	+	23	+	28	+	33	+	1	Tage
	=	28	+	3	×	(23	+	28	+	33)	+	1	Tage
Und das ergibt in 4 Jahren	13	×	3	×	(23	+	28	+	33)	+	5		Tage

Diesen Ansatz lassen wir vorläufig stehen. Wie auch immer wir von hier aus weiterrechnen mögen – aus der bisherigen Rechnung ist jedenfalls klar geworden, auf welcher fundamentalen Tatsache die Biorhythmen-Regel beruht: Auf der Wahrheit der ursprünglichen 7-Tagewoche:

12 Wochen	=	84 Tage	=	3 × 28	=	28-5
						+ 28
						28+5
						84 Tage

Man kann die Rechnung natürlich auch so durchführen., dass man den gemeinsamen Nenner der drei ganztägigen Perioden sucht. Diese werden nach einem Zeit-Raum von 23 × 28 × 33 Tagen = 21.252 Tage sicher wieder an ihren gemeinsamen Ausgangspunkt zurückkehren. Dies sind nun in Zeitsekunden:

$$1 \times 2^2 \times 3 \times 4 \times 5 \times 6 \times 7 \times 8 \times 9 \times 10 \times 22 \times 23$$

$$= \frac{144 \times 5040 \times 5060}{} = \frac{14400 \times}{(505^2-1)} = \frac{144.000 \times 50 \times 51}{}$$

$$= 144 \times 2 \times 21 \times 22 \times 23 \times 24 \times 25 \qquad = 144 \times 51 \times 10^5$$

$$= 96 \times 100 \times 23 \times 28 \times 33 \times 36 \qquad = 72 \times 51 \times 10^5$$

$$= 2 \times 100 \times 23 \times 28 \times 33 \times \qquad = 2 \times 10^5 \times 1836$$

$$= 2 \times 100 \times 23 \times 28 \times 33 \times \qquad = 10^6 \times 14 \times 4 \times 15 \times 17$$

$$\text{oder} \quad \frac{144 \times 51 \times 10^5}{2} \quad = \quad 72 \times 51 \times 10^5 \quad = \quad 2 \times 10^5 \times 1836$$

$$= \quad \tfrac{1}{2}\ \text{Zeiten} \qquad\qquad 1\ \text{Zeit} \qquad\qquad 2\ \text{Zeiten}$$

Diese Rechnung ist allerdings nur dann interessant, wenn man weiß, dass die Zahl 1836 = 36 × 5 die Verhältniszahl der Massen von Elektron und Proton ist, weil dann nämlich das Resultat auf Deutsch besagt, dass die Elementarzahl der Materie ein Biorhythmus ist, denn:

$$1 : 1836 \quad = \quad \text{Elektron} : \text{Proton}$$

$$1 : 2 \times 1836 \quad = \quad \text{Elektron} : \text{Atomkern (Proton + Neutron)}$$

$$1836 \quad = \quad 36 \times 51 \quad = \quad 36 \times (23 + 28)$$

Die von Wilhelm Fließ beim Menschen und allen anderen Lebewesen aufgefundenen Biorhythmen[49] von:

21.252	=	$23 \times 28 \times 33$	Tagen
	=	$100.000 \times 2 \times 1836$	Sekunden
	=	100.000	Kernzahl Sekunden

Bei dieser Rechnung finden wir in den Sekundenwerten der Biorhythmen:

1. Das Produkt aller Zahlen der Dekade von 1 bis 10
2. Das Produkt $2 \times 22 = 4 \times 11$
3. Das Produkt 23

Wie die Zahlen 11 und 23 mit ins Spiel kommen, dürfte ohne weiteres klar werden, wenn wir uns besinnen, dass wir es bei diesen Rhythmen durchwegs mit dem kairologischen Zeiger-Spiel auf dem Zifferblatt unserer Lebensuhr zu tun haben. Und hier vertritt sinngemäß die 11 das Gesetz der 11 Zeiger-Konjunktionen bei 12 Ziffern und die 23 das Gesetz der 23 Zeiger-Deckstellungen bei 24 Ziffern; die Zahl 4 ist der Ausdruck der Vierteilung des Kreises.

Nun haben wir aber aus der vorhergehenden Darstellung erkannt, dass nach dem Prinzip der Zahl die Zeit grundsätzlich eine Dreiheit ist und nur im Sinne einer solchen im Raum anschaulich geweckt werden kann (wofür eben die Uhr,

---

[49] Nach dem Arzt Wilhelm Fließ gibt es eine 23-tägige *Körperperiode* und eine 28-tägige *Seelenperiode*. Der Ingenieur Alfred Teltscher fügte später noch einen 33-tägigen *intellektuellen Zyklus* hinzu.

das Planetensystem und der Tag hervorragende Beispiele sind). Ebenso zeigt jede Zeitrechnung, dass sie allein auf der Voraussetzung von 3 Zeiten praktisch durchführbar ist und zu einem einhelligen Ergebnis zu führen vermag.

Die Biorhythmiker fanden auf empirischem Wege 3 Perioden, die alle auf die eine Zahl 28 zurückführbar sind. Wir haben nun unsere Stunden-Minuten-und-Sekunden-Zeit (3 Zeiten) des einen Tages miteinbezogen und sind damit wiederum zu einem Dreierlei gelangt, nämlich: Dekade – 11 – 23 (abgesehen von der schon in der Dekade enthaltenen überzähligen 4).

Wenn wir nun in den beiden Zahlen 11 und 23 den mathematischen Ausdruck für zwei Zifferblätter mit je – 12 und 24 Zahlen vermuten, so ist es doch naheliegend, hierbei an die 12 Monate des Jahreskreises, die 24 Stunden des Tageskreises und bei der Dekade an die 10 Zeiger der Gestirne zu denken.

Denn damit hätten wir die Himmels-Uhr unserer Erde und die kosmische Zeit mit allen Zeigern, Räumen, Zahlen und geschichtlichen Gezeiten komplett.

Ein Rädchen bleibt uns dabei noch übrig: die Zahl 4.

Richtig! – Die Geschichte kann ja noch gar nicht in Gang kommen, denn wir haben all unsere Zahlen allein auf die Waagschale der Zeit gelegt; und so ist uns im geschichtlichen Zeitausleben eben auch für das Leben nur die eine Zahl 4 übriggeblieben: – Die Zahl für Gott:

Am	Anfang	schuf	Gott	Himmel	und	Erde
1	2	3	4	5	6	7

Die Zeit wischen Himmel und Erde ist dreierlei:

1. Jahr = Erdbahnkreis
2. Tag = Himmelsraum, Licht
3. Gestirne = Zeigerbewegung

Die Geschichte des Zeitauslebens ist eine Woche oder ein 7-Schichten Gefüge und 3 + 4 = 7.

Wer bei dieser Art des Zusammenzählens nicht ganz mitkommt, sei nicht gleich mit dem Vorurteil bei der Hand, er – oder ich – wäre ein Dummkopf. Ich bestreite nicht, dass sich mit den Zahlen Äpfel, Nüsse oder Materieteilchen richtig zusammenzählen lassen; nur wäre es falsch zu meinen, dass dies die einzige Art richtigen Rechnens sei.

Ich kann mit dieser Rechnung freilich auch kein fertiges Resultat liefern, sondern wollte lediglich zeigen, wie man von einer praktischen Tatsache (den Biorhythmen) zu den theoretischen Grundlagen (Zahl, Raum, Zeit und Zeit-Raum) gelangt; – oder wie man umgekehrt den formalen Ansatz aufstellt, um zu einer Gezeiten-Rechnung von wirklicher Lebensgeschichte zu kommen.

34.) Das Äon

Solange man die Zeit in ihrer prinzipiellen Drei-Zahl nicht richtig fasst, wird man auch keinen richtigen Begriff bekommen, was ein Äon eigentlich sei.

Für die Griechen gab es die Zeit in den bekannten drei Ausführungen:

1. Chronos   -   die determinierte Zeit
2. Kairos   -   die periodisch terminierte Zeit
3. Äon   -   die Ewigkeit in Gegenwart …

… nämlich in Gegenwart des lebendigen Augenblicks. Denn der wirklich lebendige Augenblick *Gegenwart* ist die Frucht aller vergangenen Zeiten bis auf den bewussten Moment seiner Selbst und zugleich der darin lebendige Keim alles Kommenden.

Ich weiß nicht, ob die alten Griechen eine derartige Definition des Äons aufgestellt haben oder bereits dazu in der Lage gewesen wären. Jedenfalls aber wäre ein solches Wort damals wohl graue Theorie geblieben, weil sie keinem lebendigen Menschen je zu Bewusstsein kommen kann, ohne den lebendigen Menschensohn, der als Wort Gottes Fleisch geworden ist[50].

Erst seit Jesus die Erde betreten hat, ist dieser dritte Aspekt der Zeit dem Menschen in voller Klarheit zu Bewusstsein gebracht worden. Ja, das Wort *Bewusstsein* selbst spricht ihn schon in aller Deutlichkeit aus, so dass uns aus eigenem Bewusstsein jederzeit auch ein *Bewusstwerden* von jenem Geschehen möglich ist, dessen Keim wir bewusst haben in unserem eigenen Sein; also in jedem bewussten Augenblick lebendiger Gegenwart.[51]

---

[50] Genau in diesem Satz sieht man den Unterschied, ob man das Wort als Text oder als Gott selbst ansieht (*Im Anfang war das Wort und das Wort war bei Gott und das Wort war Gott.* Joh. 1, 1). – Anmerkung des Herausgebers

[51] Die religiösen Schriften und besonderen Momente scheinen ebenso einem Zeitplan zu unterliegen, bzw. die Zeit dient oder bildet sich wegen einem Plan, der sich in der Abfolge von z.T. prophezeiten Terminen zeigt. Diesen Gedanken kann man z.B. bei Überlegungen zum GFK-plus Kulturstufenmodell durchaus bekommen. – Anmerkung des Herausgebers

Zu wirklich voller Klarheit darüber gehört allerdings jener seltene Augenblick Geistesgegenwart, in dem uns der wahre Geist aus den Augen blickt, der Heil bedeutet und darum auch der Heilige Geist genannt wird; – jener, der in Ewigkeit währt und alles lebendig macht.

Die drei Hauptzeitworte – *Haben Sein Werden* – sagen uns ja, wie jene drei geschichtlichen Aspekte der Zeit – *Herkunft, Gegenwart* und *Zukunft* – ihren lebendigen Sinnzusammenhang bilden, indem sie sowohl jeder unserer vorübergehenden Augenblicke als auch die ganze Ewigkeit all dessen offenbaren, was wir etwa das Reich des Geistes nennen könnten. Und die ganze Ewigkeit in Gegenwart jedes Augenblicks heißt Äon.

Man kann das natürlich nur dann wirklich bewusst haben, wenn es einem lebendig bewusst geworden ist; denn ansonst textet man nur Phrasen von der ungeheuren Endlosigkeit des scheinbaren Abgrundes Zeit, in dem die Äonen unwiederbringlich für immer versinken und das unsägliche Dunkel einer namenlosen Zukunft unheilschwanger dahinbrütet. Ein solches in langgezogenen Unworten sich austobendes Pathos ist eigentlich nur als Klagegeheul darüber zu verstehen, dass man vom wahren Geiste verlassen ist; und das ist nun wirklich ein wahrer Jammer, mit Heulen und Zähneklappern, denn mehr als eben das hat solch pathetisches Sentiment nicht zu sagen.

Ein Zeit-Äon ist darum auch nur als die Geschichte eines Bewusstseins zu verstehen und setzt ein sogenanntes geistesgeschichtliches Bewusstsein von Mensch und Menschensohn voraus[52]; also den lebendigen Realismus in Glaube, Genetik und Natur. Geschichte kann man zur Not auch allein mit dem Rüstzeug der Chronologie und seichter Kairologie betreiben; aber schon eine wirkliche Kairologie, wie sie der Wissenschaft mit den ersten simplen Anfängen der Biorhythmenlehre seit rund 60 oder 70 Jahren angeboten worden ist, verlangt ein geistesgeschichtsloses Fundament, oder ist unseriös.

Gott sei Dank, dass sich wenigstens die Chronologie der Ereignisse nicht leugnen lässt; sonst wäre die Zeit selbst auch heute noch keine wissenschaftlich anerkannte Sache. Aber – trotzdem man weder weiß, was sie ist, noch etwas davon wissen will – ist sie wissenschaftlich anerkannt. Ohne zumindest chrono-

---

[52] In meiner Terminologie zwischen biologischer Kreatur und geistigem Menschen. – Anmerkung des Herausgebers

logische Zeitmessung gäbe es nämlich überhaupt keine Wissenschaft!

Nun kann man zwar – wenn auch sehr notdürftig – eine rein atomistische Kausalwissenschaft mit einem determinierten Chronos aufziehen, wie es das Beispiel der materialistischen Physik und des ganzen Rationalismus aus dem vorigen Jahrhundert bestätigt. Aber schon mit einer Planck-Einstein'schen Physik wird die Geschichte – indeterminiert. – Die chronologische De-Termination erweist sich als unzulänglich für eine wahre Terminologie der Zeit; denn die Zeit ist auch physikalisch gesehen das Prinzip der Termine und darum ist auch ihre ganze Logik eine solche kairologischer Gezeit.

Kairologische Gezeiten aber heißen in schlichtem Deutsch: *Rhythmen, Kreisläufe, Sinuskurven* – also genau dasjenige, was die Physiker *Wellen* und *Elektronenbahnen* nennen.

Was heute schon in Chemie und Physik längst nicht mehr möglich ist, erweist sich als absolut aussichtslos in jeder Form von wissenschaftlicher Biologie. Eine Biologie ist daher Kairologie – oder sie zählt überhaupt nicht. Der Zeitkreis ist ihr eigentliches Fundament; und die Terminierung genetischer Lebenszeiten vom Ursprung bis zum Ziel ihrer Geschichte ist der ganze Ernst ihres Lebens. – Eine Biologie, die darauf kein Gewicht legt, hat eben auch keines und wird von keinem Menschen ernst genommen.

Das ist auch der einzig vernünftige Grund, warum Biologie heute als Fundamentalwissenschaft nicht zählt, denn es macht eben keinen Sinn, etwas über Leben und Unsterblichkeit der Maikäfer zu erzählen, ohne dies von jenem Grund des Lebens aus zu erzählen, welcher eben das wahre Fundament des Lebens ist: Der geschichtliche Zeitkreis des Lebens. Und zu einer wissenschaftlich seriösen *Erzählung* gehört sich – ebenso wie in den anderen ernsten Wissenschaften – die Zahl.

Die kairologisch terminierten Gezeiten des Lebens – oder mit einem anderen Wort: die Biorhythmen der Genese sind die Wellen und die Elektronenbahnen der Biologie.

Der Name Gottes: Die beste Darstellung dieses Themas findet man in Jakob

Lorbers[53] *Die 3 Tage im Tempel*, Kp. 19.

Im großen Streit dieser Welt sind diejenigen, welche sich um den Namen Gottes herumraufen, wohl wenig gesegnet. – Denn mit dem *Wort Gottes* ist eben *Das Wort* der Name für Gott, sowie *Gott* der Name für sein Wort; und jedes andere Wort ist dieses Namens Geisteskind. Der Name *Wort*[54] ist darum gleichsam der Familien-Name des Vaters und jedes andere Namens-Wort ist ein Kindes-Name in der großen Familie des Geistes.

Da nun aber jedes Wort auch seine Namens-Zahl hat, wie verhält es sich hier nun mit der Bedeutung solcher Zahlen?

Es kann sich hier nicht anders verhalten als bei jedem anderen Verhältnis von Frage und Antwort. Die Frage nach einer Zahl ist eine mathematische Frage, die auch nur mathematisch zu beantworten ist; und wie es nicht nur einen einzigen – sondern viele bestimmte und aufeinander abgestimmte Rechenwege gibt, so gibt es auch viele Weisen richtigen Rechnens mit untereinander verschiedenen – und doch richtigen [stimmigen] Resultaten.

Doch es geht mir hier nicht um eine exakt mathematische Antwort auf die Unverstandesfrage, welches die „einzig und allein wahre" Namenszahl Gottes sei. Diese Frage gibt sich selbst schon die Antwort, denn es gibt eben nur eine einzig und allein wahre Zahl überhaupt, nämlich die 1, weil sich nur aus dieser mittels Teilung und Mehrung alle anderen als Mitteilung ergeben. [55] – Mein Problem liegt auf einer anderen Ebene, deren Ordnung ich in der Kürze halber mit wenigen Zügen skizziere:

Dass im hebräischen Alten Testament die Namenszahl Gottes 26 war, setze ich als bekannt voraus. Im Deutschen ist nun die Zahl für „Gott"= 62. Beide Zahlen verhalten sieh wie Bild und Spiegelbild 26 ..... 62 und beide ergeben in ihrer Ziffern-Summe die Zahl 8.

---

[53] Jakob Lorber (1800 – 1864) - österr. Schriftsteller, Musiker und Mystiker. Anmerkung des Herausgebers

[54] Siehe dazu auch das Buch des indischen Mystikers Kirpal Singh: Naam oder das Wort, Origo Verlag, ISBN: 3-282-00084-7. Anmerkung des Herausgebers

[55] Im Sanskrit gilt beispielsweise *Ek* [= Eins] als Synonym für Gott. Anmerkung des Herausgebers

Die gleiche Zahl 62 haben im Deutschen auch die Worte *Mensch* und der Name *Jehowa*. – Welche Bewandtnis, aber hat es nun mit diesem letztem sogenannten *einzig und allein wahren Gottes-Namen*?

Eine geschichtliche Bewandtnis: Der Name wurde im Alten Testament durch die Buchstaben J H W H (oder J H V H) geschrieben; was mit Einfügung der richtigen Vokale das hebräische Wort ergab, dessen deutsche Übersetzung etwa *Herr* lautet (J H V H und HERR haben beide im Deutschen die Zahl 49 = 7^2).

Hinter diesem Aspekt auf der Ebene der Geistesgeschichte gibt es aber noch einen auf der Ebene des reinen Geistes, welcher sich aus der Kenntnis jenes Grundes ergibt, aus welchem im Hebräischen die Vokale nicht geschrieben werden durften: Als die „sprechenden Buchstaben" erkannte man damals in den Vokalen gleichsam die Stimme des Wortes Gottes, von dem man sich nach dem 2. Gebot Mose „kein Bild und Gleichnis" machen durfte.

Der Reihe nach aber lauteten diese Vokale I E O U A „Jehowa". Probieren wir nun das gleiche phonetische Spiel mit unseren Vokalen in der heutigen alphabetischen Reihe: A E I O U. Es lässt, sich schwerlich anders aussprechen als „Aeon".

35.) Die Rangordnung

Mit einer ernsthaften Biologie taucht zugleich die Frage auf: Ist Biologie ein Sonderfach oder eine eigene Art höherer Wissenschaft? Der wahre Sinn dieser Frage ergibt sich aus einer Fundamentalbiologie, die zwar die lebenswissenschaftlichen Gründe aufdecken will, aber als *Biologia* auf ein Lehrgebäude von einer gewissen Höhe angelegt ist.

Damit wird zum ersten Mal ein Tatbestand deutlich der an den Wissenschaften schon öfters unliebsam aufgefallen ist, jedoch ein notwendiges Übel bleiben musste: Die uferlose Ausbreitung in Fachgebiete. Wenn sich mit Phrasen Ordnung schaffen ließe, hätte hier wahrscheinlich schon jene sogenannte Ganzheitsforschung Abhilfe geschaffen. Doch wirkliche Hilfe ist nur vom wahren Wort zu erwarten; und Ganzheit ist zwar die richtige Meinung, dass es *um's Ganze geht* - und damit um das Heil; nur gibt es gerade darum eine solche Ganzheit ebenso wenig wie eine Heilheit, weil in unserer deutschen Sprache das Heilsein oder Ganzsein auch mit der Nachsilbe *-heit* schon ausgesprochen ist und so zum Beispiel eine *Ganzheitsmedizin* eine *Heils-Heil-Kunde* sein müsste; – auf gut Deutsch: Eine doppelte Ganzheit zählt zu den Halbheiten.

Für eine Ganzheit braucht man keine Forschung, sondern bloß Deutschunterricht. Um aber zu wissen, was die wissenschaftlich aufgefächerten Fachgebiete leisten müsste und schlecht können, genügt die Einsicht, dass der Baum außer seiner Breite auch noch eine Höhe habe. Und daran dürfte nicht mehr viel zu erforschen sein. Es genügt ein Blick, um zu erkennen, dass die hohe Wissenschaft bisher nur eine einzige Höhe wissenschaftlich anerkannt hat: —Ihre eigene. Das hat den bemerkenswerten Nachteil, dass alle ihre Fächer auf ein und der gleichen Ebene liegen und darum eben auch das nicht haben können, was in Wahrheit entscheidend wäre: Geistiges Niveau.

Das ist nun zweifellos eine ein wenig boshafte [und nicht unwidersprochene] Bemerkung, nur werden wir auch mit einer noch so vollen Portion überheblichen Hochmuts keine Biologie auf ihr geistiges Niveau bringen; darum sind wir ja hier vor allem um ihre Fundamente bemüht und betreiben Lebensgrundlagenforschung.

Was hat uns dieses Wort zu sagen? – Wenn heute der Physiker seine Grundlagenforschung betreibt, zielt er selbstverständlich auf die Materie ab; und wenn er das nicht eigens auszusprechen braucht, um so verstanden zu werden, so heißt das mit der gleichen Selbstverständlichkeit so viel wie:

Die Materie ist die Grundlage der Welt.[56]

Damit ist auch heute die Physik – uneingestandener Maßen – die Fundamentalwissenschaft des modernen Menschen, der – ob er nun Ja oder Nein dazu sagen mag – aus der Glaubensgewissheit lebt, die Materie sei der Grund alles Lebens.

Seltsamerweise könnte man diesem Axiom – in obigem Wortlaut und richtig verstanden – durchaus recht geben; nur sobald man daraus jene Schlussfolgerungen zieht, welche das weltanschauliche Denken der letzten Jahrhunderte in seine eingefahrenen Geleise gebracht haben, kommt es zu tödlichen Zusammenstößen mit der gegebenen Naturordnung. Die Hauptbahnhöfe der Katastrophenstrecke könnte etwa folgender Gedankenkurzschluss nachzeichnen:

Materiestoffteilchen…Elektronen…Protonen…Neutronen…etc…Atome…Mole küle…chemische_Elementarverbindungen…organische_Stoffverbindungen…L ebewesen…Leben.

Ergo: Erst der Stoff, dann das Leben! Das Leben wäre danach notwendig ein aus den chemischen Elementen sekundär abgeleiteter Effekt. Leben wäre ein chemophysikalisch determinierter Prozess neben tausend anderen, der im Labor technisch gemacht werden könnte. Also müsste man Leben chemisch herstellen können … ?

Diese Konstruktion fährt – soweit man sie eben von den Schulbänken aus verfolgen kann – erstaunlich glatt und reibungslos, aber wer sich darauf verlässt, dass er damit nun auch im praktischen Leben wohlfährt, erlebt die große Enttäuschung des Jahrhunderts: – Sie überfährt all seine echten Lebensfragen so rasch und immer überraschender, bis er keine mehr hat und dann auch keine Antwort mehr braucht.

Niemand weiß, was, wo und wieso da alles technisch nicht stimmt und doch stimmen müsste; aber man weiß jedenfalls mit aller Bestimmtheit. – Und wenn

---

[56] Siehe dazu den 2. Band dieses Werks, dass sich der Materie widmet. – Anmerkung des Herausgebers

man das Wissenschaft nennt, ist es durchaus naheliegend, den Menschen seiner ganzen Bestimmung nach unter die Fehlkonstruktionen zu zählen und ihn einen technischen Versager zu nennen. – Natürlich stimme es dann auch nicht, dass am Anfang das Wort war. Es könne nur das Gegenteil gewesen sein: Die Weltraumkatastrophe! Aber ganz bestimmt sei das selbstverständlich auch wieder nicht. Ganz bestimmt wäre nur – das *Garnichts*. Und die *Bestimmung des Menschen* vertritt die Stimmenmehrheit einfach mit voller Lautstärke.

Mit der Stimme des schlichten deutschen Wortes: Es zeigt sich die Pleite einer Weltanschauung, die aus Angst für immer die Augen geschlossen hat.

Alle Diskussionen mit Vertretern dieser Weltanschauung können nur den Charakter von Leichenreden haben. Hier kann man nur noch Totenbeschau halten und im übrigen Pietät und Takt walten lassen. – Man kann die Panne, die das moderne Denken in die Katastrophe gesteuert hat, in die letzten Details hinein aufdecken, aber der Unfall ist bereits passiert; und wenn es in der Natur des Lebensbereiches eine todsichere kausale Verkettung gibt, dann ist das zweifellos jene zwischen Kurzschlusslogik und technischem Totalversager auf allen Lebenslinien. Im Leben selbst regiert zwar auf allen Linien ewig die genetischen Ursprünglichkeit, denn sie ist das Wesen des Lebens; doch nur das Prinzip der Ursächlichkeit stellt im Reiche des Lebens jenen Teilbereich dar, in welchem alle Lebewesen zu Tote geführt werden. Mit der Terminierung regiert das Leben; mit der D*eterminierung* der Tod. – Auf dem Wege der vollkommenen D*eterminierung* wird also auch der gesunde und lebendige Menschenverstand zu Tode kommen müssen.

Es besteht für den gesunden Menschenverstand keine kausale Notwendigkeit, diesen Todesweg anzutreten; aber sobald er ihn einmal betreten hat, steht er unter dem Gesetz der D*etermination* – das bedeutet: Die Entäußerung seiner Lebenstermine. Er kommt auf dem Wege der Entterminierung in einen toten Raum starrer Mechanismen, der sich eingekapselt innerhalb der Sphäre des ewig pulsierenden Lebens befindet.

Die Erkenntnis einer solchen Sphäre des Lebens ist nun weder kausal noch einer kausalen Notwendigkeit unterworfen, sondern sie ist eine geschichtliche Erkenntnis, welche als Gleichnis (Leitbild oder auch Vorstellungsmodell) eben schon eine bestimmte Geschichte voraussetzt: – Ein Schichtengefüge oder eine Sphärenordnung. Eine solche ist mit der ihr eigenen terminologischen

Notwendigkeit von Anfang an eine Rangordnung.

Sobald wir uns auch nur eine einzige Sphäre denken, mag sie so einfach oder so vielgestaltig sein, wie sie einem Willen zur Wahl steht, – haben wir damit auch schon den Raum in zwei Schichten geteilt: In oben und unten – innen und außen – Bild und Spiegelbild – rechts und links -vorn und hinten – usw. Mit einem Wort: In Satz und Gegensatz.

Und damit ist gegeben, was im Wort *Grundsatz* ausgesprochen ist – eine Grundschicht und ein Satz vom Grund in den Raum hinaus, den die Sprache auch als den *Ursprung* sehr treffend bezeichnet. Mit der einfachen Teilung ist zunächst bloß die eine Mit-Teilung gemacht, dass es zweierlei gibt; ein sogenanntes Ur-Teil ergibt sich nun durch die verbindliche Beststellung unseres eigenen Standpunktes.

Dieser Stand in der Feste, ist das geistige Grundgeheimnis des Schöpfers in seiner Schöpfung: – Seine Geistigkeit oder Genialität, sie ist ausgesprochen durch das Wort *Geist*.

Was dieses Wort besagt, lässt sich eigentlich mit räumlichen Gleichnissen bloß umschreiben; denn wo immer Raum ist, haben wir ihn zwar durch die *Beschlusskraft des Geistes* offenbar; als Feld seiner Kraft [Macht], aber nicht den Geist selbst.

Der *Stand in der Feste* lässt sich nur als jener, den Raum beherrschende feste Standpunkt verstehen, den wir zwar auch als unseren eigenen Standpunkt einnehmen und jederzeit als unseren geistigen Verstandespunkt vertreten können, der jedoch nur in der konkreten Lebenswirklichkeit und Wahrheit des Wortes selbst, nicht aber in fixierten Begriffsabstraktionen räumlicher Art realisierbar ist. Die Gegenüberstellung. von Stand und Feste ist der im Wert ausgesprochene Akt der Eröffnung des Raumes durch den Geist, welcher zugleich mit dem Raum und darin immer und überall gegenwärtig ist.

Für den lebendigen Menschenverstand ist das eben die *Erfahrungstatsache seiner Selbst*, welche wir auch den *Augenblick der Geistesgegenwart* genannt haben. Ohne Geist ist eine Dynamik des Bewusstsein nicht denkbar; aber Geistesgegenwart ist durchaus praktisch möglich, ohne dass dieser Gedanke vollzogen werden muss. Der Verstand funktioniert zwar kraft dieses Gedankens, aber er muss sich dieser Geisteskraft nicht unbedingt bewusst werden. Er kann sich sogar in starren Widerspruch zu ihr setzen; aber das ist dann der Weg, die lebendige Gegenüberstellung auf starre Begriffsschablonen [abstrakte Strukturkategorien] einzuengen, bis am Ende der Verstand endgültig stehen bleibt.

Es gibt zahlreiche Möglichkeiten, diese Dinge auf anderem Wege oder noch klarer zu sagen. Diese Fülle an Möglichkeiten umschreibt eben den Spielraum der terminologischen Freiheit. Die logische Determinierung bietet alle taktischen Vorteile der sogenannten *inneren Linie,* der *gesicherten Grenzen* und der gedanklichen Disziplin, die zur Erreichung technischer Ziele die entscheidenden Richtlinien enthält. Aber für die tiefere Erkenntnis ist totalitäre Determinierung auch die Diktatur geistiger Beschränktheit und die Zwangsherrschaft der Schablonen. Und jede Schablone liefert das Leben einem starren Teufelskreis aus, der es in die Todesspirale zwingt, wenn es ihn nicht am Ende doch überwindet.

Das ist von Anfang an die Verfassung jener Biosphäre und ihrer Ursprungsalternative [Potenzionalität], in welcher der Keim aller Rangordnung ausgesprochen ist durch die beiden Worte *Gut* und *Böse.* Wir könnten sie auch *Leben* und *Tod* oder *Terminierung* und *Determinierung* nennen.[57]

Mit einer Erkenntnis des Guten und des Bösen tritt aber diese Alternative in ein bemerkenswertes Dilemma: Als Alternative ist sie das Prinzip lebendiger Alteration – oder mit einem anderen Wort: Lebenswandel auf Dauer – also auch Terminierung. Im Alternativ *Gut oder Böse* unterliegt sie jedoch dem erkenntnistheoretischen Versuch – besser noch der Versuchung, einer erdgültigen Determinierung [Festsetzung] dieser beiden Begriffe; denn das verspricht, uns die auf Dauer mühselige Entscheidung unseres Lebens zu ersparen. – Doch dieses Versprechen birgt in sich bereits den Todeskeim des Versagens. Er ist der Gedankenkurzschluss in erster Instanz: – Die lebendig gewordene Lüge.

Denn Entscheidungen zu ersparen bedeutet, das Leben um seine Alternativen und damit um seine eigentliche Lebendigkeit bringen, kurz und gut es umzubringen und das ist – böse.

---

[57] In aller Potenzialität und polaren Vielfältigkeit gibt es einen grundlegenden schöpferischen Dualismus, der hier angesprochen ist. Hier klingt auch an, dass dieser Dualismus als Komplementarität zu verstehen ist. – Anmerkung des Herausgebers

Das Leben lässt sich das natürlich nicht gefallen, denn es währt länger als die Kurzschlüsse des Menschenverstandes und überlebt sie alle. Aber solange menschliche Erkenntnis ihre eigene Trugschlüssigkeit in aller Determination von Gut und Böse nicht vollkommen klar durchschaut und die entscheidenden terminierenden und terminologischen Konsequenzen dieser Selbsterkenntnis gezogen hat, bleibt der Verstand mit seinem Denken und Planen zu Tode verurteilt. Eine Erlösung gibt es für ihn erst aus der Lebenswahrheit des Geistes durch die Kraft des Wortes; so wie sich eben dieser Trugschluss in der Erkenntnis des Guten und des Bösen durch die Geisteskraft von Worten auflöst, als ein lebendiges Musterbeispiel ihrer und aller Lebenspraxis.

Dies alles muss vorerst einmal entschieden und klar verstanden worden sein, wenn hernach von einer Rangordnung die Rede sein soll. Denn in einer wahren Rangordnung kann nicht etwa eine fixe Werteskala geltend gemacht werden; ihre Geltung ist allein zu verstehen als die Tatsache eines lebendigen Gefüges bestehender Schichten, in denen wir die geistigen Fundamente aller Lebensgeschichte zu erkennen dürfen bzw. die *Dauer im Wandel*. Ein solches Schichten-Gefüge ist daher undenkbar als Schablone oder starre Struktur [Reduktion auf Kausalzusammenhänge]; ihr entscheidendes Kriterium ist das einer mitteilbaren Vergleichseinheit für alle Sinnzusammenhänge im Universum, oder einfacher gesagt: es ist ein Gleichnis des Kosmos: Das Eine im All; des All-Einen Bild. Wenn es etwa darauf ankäme dies durch so eine Art astronomisch exakt gesicherte Weltallkonstruktion im handlich verkleinertem Maßstab technisch zu verwirklichen, dann hätte es keinen Sinn gehabt, darüber zu reden. Es bliebe die gleiche Utopie, wenn man etwas derartiges über eine realistische Vergrößerung der mikrokosmischen Weltbausteine erreichen wollte – also etwa nach Art eines Atommodells.

Jeder derartige Versuch einer bloßen Abbildung des Kosmos geht schon von vornherein aus dem Missverständnis hervor, als wäre das Gegenständlich-Gegebene auch das Primär-Gegebene.

Das Primär-Gegebene – eben jenes *primum prinzipium prinzipi* ist geistiger Art; und dafür gibt es einen entscheidenden wissenschaftlichen Beweis: Die Transzendenz des theoretischen Begriffes *Kraft* gegenüber der jederzeit nachweisbaren Immanenz all ihrer Energie-Vektoren. Die eine Kraft [Macht], die sich in allen Kräften offenbart, bleibt – verborgen.

Mit einem Wort: Kraft ist Geist; aus der Geisteskraft des Wortes ist die Welt; also auch der Kosmos und sein Gleichnis zuerst aus des Wortes Geisteskraft.

Ist unser Gleichnis vom Kosmos aus erster Hand, dann wird auch jede nur mögliche Einzelheit im Kosmos damit übereinstimmen. Was sich in seine Ordnung einfügt, wird *in Ordnung sein* und erweist auch uns selbst geistig in Ordnung. Nur so werden wir in Ordnung sein und Ordnung haben.

36.) Der Kosmos und sein Gleichnis

Für die heute voraussetzungslose Wissenschaft der objektiven Tatsachen auf dem alleinseligmachenden induktiven Forschungsweg ist eine Rangordnung und was ich dazu bisher gesagt habe so ungefähr das Ende. – Zu einer Diskussion, ob die kausal orientierte Wissenschaft eine solche Rangordnung auch wissenschaftlich „anerkennen" wollte, kann es gar nicht kommen, weil ihr eben die entscheidende Voraussetzung fehlt: – Die Erkenntnis derselben.

Einem Narren zu verdeutlichen, dass er einer ist, kostet mehr als ihn zum Weisen zu machen. Beides geht über zu Lasten der Weisheit und ist gegen die Narrenfreiheit. Solange die Narren auf ihre Stimmenmehrheit pochen und ihre Welt-Wirtschaft damit anrichten, wird ihnen nicht auffallen, welche Ordnung in Wahrheit bestimmt ist und wessen Stimme es ist, die ihnen jene Zeit der Narrenfreiheit eingeräumt hat. Doch darum bleibt die Stimme der Bestimmung sowie Raum, Zeit und Zeit-Raum zwischen Erde und Himmel so, wie es am Anfang die Tagesordnung war.

Die Ordnung des Schöpfers wird nicht darauf angewiesen sein, allgemein anerkannt zu werden, sondern wird ihrerseits alle Geschöpfen in diese Ordnung einordnen. Die meisten Wesen begnügen sich damit, ihren natürlichen Platz und Rang im Gefüge wahrzunehmen und ihm entsprechend zu leben; und besonders der Mensch kann von seiner Freiheit Gebrauch machen, seinen Rang und die Ordnung zu leugnen; dann findet er Unordnung und Unbestimmtheit und Unfreiheit; er ist Teil einer Anonymität, deren größte Stimmenmehrheit auch nichts zu sagen hat. Die Unsäglichkeit und Verlorenheit sind dann jenes verräterische Zeichen seines Verrates, mit dem er sich gegen den Geist und das Leben als Mensch vergangen hat. Wer aus seiner Vergangenheit nicht zurückfindet in die Geistesgenwart jenes Augenblicks, welcher wahre Zukunft hat, bleibt verloren. – So hat der Mensch die Freiheit, sich zu verlieren oder sich zu finden, solange er noch ein Mensch ist.

Und so weit er noch nicht ganz verloren ist, kann er sich an der gegebenen Rangordnung orientieren, wo er seinen wahren Rang zu suchen und zu finden hat. Er kann sie nur anerkennen, soweit er von ihr selbst und damit von ihrem Schöpfer anerkannt ist, dem Schöpfer des Universums. Und darin erkennt er, wie er selbst erkannt worden ist.[58] Der eine erkennt sich mit großer Klarheit; der andere – nichts. Der eine wird mehr entdecken als ich lernen konnte; den andere kann auch kein Gott belehren. Und so ist er – verfallen.

Ohne die geistige Voraussetzung des Einen und seiner Mitteilung bleibt alle Wissenschaft geistlos. Setzen wir aber in bewusster Erkenntnis diesen einen Geist des Ganzen voraus, wird die Wissenschaft fruchtbar und lebendig, denn nun fasst sie das Eine, in dem alle Einteilung beschlossen liegt und woraus ein jedes erschlossen wird, das ein Teil des Ganzen ist.

Dieses Eine und Erste haben wir auch das *Prinzip des Prinzeps* genannt, welcher sich uns als der Geist der Mit-Teilung erwiesen hat; – so etwa in den Worten wie in den Naturkräften und schließlich auch in den Zahlen, die uns mit Teilung der Einheit Mitteilung machen.

Bei dieser Mitteilung der Zahl ist uns die erstaunliche Erfahrung zu Teil geworden, dass die Zahl 1 eigentlich zunächst gar nicht als Einheit zählt, weil sie ihrer Hauptfunktion nach eben nicht Zähler, sondern vor allem Nenner ist. Der erste Zähler, der uns das mit wünschenswerter Deutlichkeit erzählt, ist die Zahl 2, sofern die Zahl 1 ihr Nenner ist.

Wenn wir uns nun in logischer Reihenfolge die Erzählung der Zahlen anhören, gelangen wir mit der Zahl 10 und der mit ihr umfassten Dekade der ersten zehn Einer-Zahlen zu jenem solchermaßen Einheitlichen oder Ganzen, welches uns gleichsam eine abgeschlossene Geschichte der Einheit liefert, aus der wir klug werden können.

Diese Geschichte wiederholt die Zahlenreihe dann in den folgenden Stellen-werten der Zehner-, Hunderter-, Tausenderzahlen usw. mit allen dementsprech-enden Rahmen füllenden Variationen. Man erkennt darin gleichsam jene 10 handelnden Personen immer wieder, wird mit der ganzen Fülle ihrer

---

[58] Im christlichen Kontext erinnert mich das an die Art, wie die Apostel zu Aposteln wurden. Man kennt das auch aus anderen Umfeldern. Doch hat dieses Erkennen eben verschiedene Stufen an Bedeutung. Freunde und Partner werden erkannt und erkennen sich. Wie weit erkennt man sich selbst in der höheren Ordnung? Dazu bedarf es, diese höhere Ordnung zu erkennen und sich selbst in dieser höheren Ordnung zu finden. Wie weit gelingt das? In einer Wissenschaft, in der der Mensch als geistiges Wesen keinen Platz hat, kann er auch keinen Platz einnehmen. – Anmerkung des Herausgebers

Lebensgewohnheiten auf den verschiedenen geistigen Daseinsebenen bekannt und vertraut. Ihre ganze Thematik ist jedenfalls das, was wir Mathematik nennen, die sich von *Mathesis* - der *Ich-Mitteilung* im Sinne von Hingabe oder Aufnahmebereitschaft ableiten soll.

Diese Geschichte wird uns von überall her erzählt: Von den 10 Gestirnen unseres Erdenhimmels; von der periodischen Ordnung der chemischen Elemente; von den 10 Geboten des Alten Testaments und von den 9 Selig-Preisungen des Einen in der Bergpredigt; mit der das Thema des Neuen Testaments seinen Anfang nimmt; und so lässt es sich an den 10 Fingern abzählen, dass es auch zehn sind.

Also dürfte diese Zehner-Einteilung eine Geschichte von Bedeutung sein; und diese Bedeutung werden uns eben die 10 Teile ihrer gegebenen Ordnung nach mitteilen.

So habe ich denn in den vorherigen Kapiteln versucht, etwas von der Bedeutung dieser Zahlen anzudeuten und in einem anderen Buch – *Die Bedeutung der Gestirne* – so gut ich konnte, in jener logischen Ordnung geschildert, welche im wahren Sinne des Wortes Astrologie ist. Damals wie auch hier war es mir darum zu tun, die Stringenz dieser Logik deutlich zu machen und sie auf ihren wahren Logos zurückzuführen.

Dass ein bestimmtes Gestirn eine Bedeutung hat, die sich mit dem gesunden Menschenverstand auch deuten lässt, ist die gleiche Logik, nach der auch jede Zahl oder jedes chemische Element innerhalb der Ordnung seine Stimme hat, um zu sagen, was es zu bedeuten hat. Physikalisch würden wir diese Stimme etwa seine Wellenlänge nennen, oder nach einer Harmonielehre seinen Ton. Und dass es damit seine Richtigkeit hat, lässt sich klar auch in deutschen Worten berichten. Eine andere Sache ist es, welche Schlüsse und Folgerungen seit anno Babel im großen Heer der Sprachverwirrten daraus gezogen wurden und bis auf den heutigen Tag als sogenannte Astrologie durch die Welt ziehen. Auf dieser Ebene wären Diskussionen in Ermangelung von Verständigung lediglich ein Zeichen für Mangel an Verstand. Darum ist meine *Bedeutung der Gestirne* kein Lehrbuch für sternegläubige Zukunftsdeuter und keine Beweisführung von den ziehenden oder zwingenden Einflüssen der Planeten auf den Seelenwanderer und seinen Weg im finsteren Jammertal dieser Erde; sondern sie ist ein Blick auf die Ordnung des Himmels, um sie so ganz zu fassen, wie sie gegeben ist.

Wem dies gelingt, der findet in der gesamten Ordnung des Sonnen-Systems ein

Gleichnis der gesamten Ordnung im Kosmos. Für die Kategorien dieser Heilsordnung ist es belanglos, ob wir sie auf das Weltall ausgedehnt anwenden oder auf die Atome im kosmischen Staub; sie ist im Mikrokosmos wie im Makrokosmos die eine und gleiche, so wie sie sich in diesem und jedem anderen kosmischen Gleichnis zeigt. Sie ist nur die Eine in jeder Version, wie es ausgesprochen ist in dem Wort Universum.

Wer das klar erkennt, dem wird nun einerseits der Irrtum klar, in dem grundsätzlich jede Wissenschaft befangen bleiben muss, die ihr Glaubensfundament in irgendwelchen gegenständlichen Tatsachen sieht; er wird aber auch andererseits volle Klarheit darüber erhalten, inwiefern sich über diesen Irrtum hinaus dennoch die erste und letzte Wahrheit finden lässt, denn diese ist uns gegeben in der geistigen Ordnung dieser Tatsachen, als das wahre Weltfundament aller gegenständlichen Wirklichkeit.

Richtig ist die wissenschaftliche Tatsachenerforschung als geisteswissenschaftliche Richtung; irrtümlich muss sie werden, wenn sie an den Sachen in der Tat hängen bleibt, anstatt zum wahren Sinn ihrer Lebensordnung durchzudringen. – Und es ist leider auch ein Irrtum, demjenigen die Wahrheit sagen zu wollen, der deren Sprache nicht versteht und deren Wort nicht hören will. Es genügt, dass auch der Irrtum in der Tat und in eigener Sache dem Geist der Wahrheit dienen muss und im gleichen Augenblick sein eigener Widersacher ist, da er den Dienst verweigert. Darum verschweigt der Widersacher die Wahrheit, vor deren Geist er zittert; und er zetert lieber wider die eigene Sache, sobald man Taten von ihm verlangt.

Die Sphärenordnung der Gestirne zeigt sich an der Reihe folgender Bedeutungen:

Ordnungszahl	Gestirn	zyklisches Zeichen	Bedeutung
°	„Innerer Himmel"	Jungfrau	Die Kraft aller Kräfte
1	Sonne	Löwe	der Wille
2	Merkur	Krebs	der Verstand
3	Venus	Zwillinge	das Gefühl
4	Mond	Stier	die Form
·········	Erde ··		
5	Mond Mars	Widder	die Tat (äußere Bewegung)
6	Jupiter	Fische	die Wirkung
7	Saturn	Wassermann	der Gegenstand (Sache)
·········	Sichtbarkeitsgrenze für das freie Auge ····················		
8	Uranus	Steinbock	das Gesetz der Ursache
9	Neptun	Schütze	das Gesetz des Ursprungs
10	Pluto	Skorpion	das Gesetz des Ur-Teils
11	„Äußerer Himmel".	Waage	der Geist der ganzen Ordnung und des Heils
·········	Herbst-Punkt, die Nahtstelle des Kreises ····················		
12	„Innerer Himmel"	Jungfrau	die Kraft alles Fortlaufs in Zahl, Raum, Zeit
13	Sonne	Löwe	der Wille
14	Merkur	Krebs	der Verstand

usw.

37.) Der Drache, das Tier und der falsche Prophet

Es wäre eine verlockende Aufgabe, detaillierter zu zeigen, wie mein Namensbruder Johannes in seiner großartigen Offenbarung die Sprache der Himmelsordnung des Heiligen Geistes zu beschreiben versteht. Das ist der Grund, warum die Apokalypse selbst im Buch der Bücher ihren einzigartigen Platz einnimmt: Am Ende; – was andeutet, dass wer auch immer diese Sprache der Himmelsordnung voll versteht und sich in ihr mitteilen kann, nahe seiner geistigen Vollendung sein dürfte.

Hier sei lediglich an einem kurzen Beispiel dargetan, in welchen Schichten der geistigen Ordnung der wahre Ernst zu suchen und wirklich als Offenbarung zu finden sei. – In den Kapiteln 12 bis 20 der Offenbarung tauchen drei abenteuerliche Wesen auf, die sich sozusagen als der Innbegriff des Unmöglichen enthüllen, zu dem das Böse[59] sich machen kann. – Um es gleich vorwegzunehmen: Es handelt sich hier um die drei höchsten Ebenen der geistigen Ordnung, auf denen das Widersinnige im Laufe der Menschheitsgeschichte fortschreitend Fuß fasst; oder anders ausgedrückt: Es handelt sich um den Stiefel des Fortschritts, der für sich genommen nur der Stiefel ist und selbst als ein Siebenmeilen-Stiefel kopflos bleiben muss.

Diese drei höchsten Ebenen der Ordnung sind:

Nr. 10 **Pluto** Der falsche Prophet	**Das Gesetz des Urteils** – als geistiges Prinzip wird hier jene Seite des Zeitgeistes meinen, welche in ideologischer Wort- und Sinnverdrehung der gegebenen Wahrheit nie gerecht werden kann, doch

---

[59] Was ist gut, was böse? Was ist das Böse? Der indische Weisheitslehrer Sant Kirpal Singh, der sich auch sehr für einen Weltfrieden und ein konstruktives Miteinander der Religionen bemühte, definierte das dahingehend, dass gut das ist, was einen Gott nahebringt, was also im Sinne des in der Schöpfung angelegten Telos fungiert. Was den Menschen davon entfernt, lässt sich dann nach Belieben als für den Menschen ungünstig, unstimmig, falsch, schlecht oder böse titulieren. Er wählte wohl das englische Wort „bad".

versucht, ein Meister selbstgerechter Tarnung und Täuschung zu sein.

Nr. 9	**Neptun** Das Tier	**Das Gesetz des Ursprungs** – worin wir genau das Thema der Fundamentalbiologie und des Tierkreises präzisiert finden; mit einem Wort das Zeitausleben in Dämonie, samt den entsprechenden wissenschaftlichen Konzeptionen oder mystischen Geheimlehren früherer Zeiten seit Babylon.
Nr. 8	**Uranus** Der Drache	**Das Gesetz der Ursache** – wir finden hier das deterministische Konzept unsere Materie samt dazugehörigen Materialismus von Demokrit bis Marx – komplett mit moderner Gebrauchsanweisung – prompt ins Haus geliefert. Dieses Unding, das heute in China das alte Yang-Symbol gleichen Namens ersetzt – den Drachen – und der in der Offenbarung so wie in China von alters her als das Zeichen des Himmels beschrieben wird, dürfte beute wohl schon jeder erkennen. Nur mit der Farbe hat es eine besondere Bewandtnis: Das alte Yang-Zeichen ist schwarz-blau in der wahren Farbe des Himmels; nach der Offenbarung aber ist es ein großer roter Drache – so wie in Rot-China.

Das besondere und allem Anschein nach etwas komische Anliegen des roten Drachens besteht darin, ein Weib zu belästigen, welches die Geburt eines Kindes erwartet. Dieses hält er für ein gefundenes Fressen. Die Komik wird freilich zur Komödie, wenn man weiß, wer dies Weib ist, nämlich Frau Materie, oder die Gesetzmäßigkeit aller Tatsachen, welche auch Ur-Sache heißt und zu den grundlegenden geistigen Sinn-Gesetzen gehört; – also niemand geringerer als die bekannte Mutter der Dinge.

Da der Geist der Materie der Vater der Dinge und somit auch des Menschen auf Erden ist, leuchtet ein, auch wenn den orthodoxen Materialisten Vater und Sohn schlecht ins Konzept passen. Sie glauben den Traum ihres Lebens in dieser schönen Frau gefunden zu haben und möchten selbst gerne Väterchen und Arbeiterparadies-Schöpfer spielen; der einzige Schönheitsfehler ist nur, dass sie dazu eben ein wenig zu spät auf die Welt gekommen sind. Doch mit diesem unbequemen Zeugnis aus der Vergangenheit der schönen Dame glauben sie fertig zu werden. Was sich allerdings als kindlicher Aberglaube herausstellt, den Sankt Michel austreibt – jedenfalls bei jenen Leuten, die in ihrem Oberstübchen daheim sind. – Für jene freilich, die nichts anderes sein können als biedere Erdenbürger und die den Himmel bloß für das ziemlich überflüssige leere Nichts halten, wird die Sache eher tragisch. Soweit das 12. Kapitel der Offenbarung, das seiner Ordnungszahl nach mit der Jungfrau übereinstimmt, die in ihrem Zusammenhang mit dem Steinbock bzw. Uranus bzw. dem Gesetz der Ursache bzw. der Zahl 8 gemeint ist.

Nebenbei bemerkt: ich sage nicht, dass dies alles sei, was das 12. Kapitel zu sagen hat, sondern ich halte es für den aktuellen Teil des Zeitgeschehens der heute nicht mehr misszuverstehen ist, vorausgesetzt, man kann die Uhrzeit lesen, 12 Ziffern unterscheiden und zusammenzählen, wieviel es geschlagen hat. Ansonst steht freilich noch viel mehr darin geschrieben. Was ich zeigen wollte, ist lediglich, dass es heute wohl kaum irgendwo auf der Welt einen Autor gibt, der den Zeitgeist unserer Epoche und ihre geistesgeschichtliche Situation in solch treffender Kürze deutlich zu machen versteht, wie jener Johannes aus der Epoche Jesu von Nazareth, – damals auf der Insel Patmos; – das ist immerhin etwa 19 Jahrhunderte her. Hier müsste man sich eigentlich grundsätzliche Gedanken über das Wesen der Zeit und des Lebens zu machen beginnen. Der Apostel weiß jedoch, um wieviel zu langsam unser Denkapparat schaltet und so beginnt er damit gleich selbst im nächsten Kapitel; und damit schlägt es 13:

Aus dem Meer steigt das Tier; nach dem altgriechischen Mythos bekannt unter dem Namen Proteus oder Neptun – heute neuentdeckt als Planet des Sonnensystems; - seines Zeichens der Repräsentant des Lebensfundamentes und der Originalität. Es ist heute noch nicht ganz so einfach zu durchschauen, dass sich das alles auch zusammenreimt. Und vor allem, wie? Und wie genau? Ich probiere es wohl schon eine ganze Weile und auch hier wiederum mit diesem ganzen Buch, doch werden mir dabei immer die Worte zu knapp und die Sätze zu lang, um mit dem Atem so glatt durchzuhalten, als ob es ein Kinderspiel wäre.

Wenn der Drache gleichsam das Wesen des nackten Tatsachenrationalismus ist, der an den Gott des leeren Himmels, der Weltraumkatastrophen und der toten Materie glaubt – und damit auch an eine Lösung sämtlicher Weltprobleme durch das eine und immer gleich tödlich-abgedroschene Patentrezept des Totschlags und der Vernichtung – so ist das Tier jedenfalls die weitaus klügere Bestie.

Es ist sich klar geworden, dass die anödende Vernichtungs-Monomanie nicht nur zu nichts führt, sondern auch gar nichts ausrichtet. Sie verfehlt grundsätzlich immer und überall ihr Ziel, weil sie vom falschen Grundsatz ausgeht, nämlich von der Ursache anstatt vom Ursprung. Denn von der Ursache kann man zwar zu jeder Wirkung kommen, nur eines verfehlt dabei todsicher: Die Lebenswirklichkeit. Die ist allein erreichbar, wenn man vom Ursprung aus auf den Wegen der Lebensgenetik bewusst der Spur zum Telos folgt.

Und mit einer Lebens-Originalität entsprechenden Teleologie kommt notwendiger Weise ein irrationales Moment mit ins Spiel, das die Wissenschaften von heute zu den tollsten Kopfsprüngen treibt und seine Krone in der Fachjargonphrase *In–Determinismus* gefunden hat, was in wörtlicher Übersetzung etwa hieße: Die Lehre vom Nicht-Ent-Terminierten. Das ist dann eine Phrase ähnlich der „*Volksdemokratie*", was so viel wie Volks-Volks-Herrschaft bedeutet.

Bei einem Rest an Besinnung läge hier der Gedanke nahe, den eigenen Verstandesapparat nur einen Augenblick lang auf den Hochkurven seiner Todesspirale abzufangen und mit dem Gehör auf Wortsinn umzuschalten; aber das Denken ist heute so kompliziert geworden, dass das Naheliegende in gleiche Vergessenheit geraten ist, wie – der Nächste.

Der moderne Verstand fühlt sich mit seinem technischen Rüstzeug so ungeheuer überlegen, dass ihm das einfache Wort nichts mehr zu sagen hat. So glaubt er bloß, was jene beiden Ungeheuer aus ihren Dimensionen ihm erzählen. Und sie reden mit ihrer Sprache und sind sehr überzeugend.

Termination und Teleologie sowie alle Zeitauslebens-Problematik wurde seit jeher von ehrlichen Denkern als Frage empfunden und mit dem Verstand redlich untersucht; aber einen erkenntnistheoretischen Zugang zu echten Antworten gab es erst seit dem Augenblick, als dem Verstand mit der sogenannten Idealität von Zeit und Raum seine eigene Selbstverständlichkeit zu Bewusstsein kam; – also seit Kant und Schopenhauer.

Das ist reichlich spät, wenn man hinterher erkennen muss, dass Jesus und seine Apostel diese Selbstverständlichkeit schon in jedem Wort als Grundlage voraussetzen, ohne viel Aufhebens davon zu machen. Doch die Idealität ist keineswegs allein die Voraussetzung jenes lebendigen Realismus des Wortes Gottes; sie ist auch das Kennzeichen der esoterischen Mystik, des ganzen Heidentums und jeder Art von Magie. Der einzige Unterschied zwischen der

Geisteskraft des Wortes Jesu und der übernatürlichen Wundermacht einer magischen Zauberformel ist grundsätzlich nur ein solcher zwischen einem Vollbewusstsein und einer Gespaltenheit in Ober- und Unterbewusstsein. Das Erste ist im Vollbesitz seiner Geisteskraft und wirkt in Vollmacht; das Zweite wirkt allerdings mit den gleichen Kräften, vermag sie aber nicht voll nach der ganzen Ordnung des Geistes einzusetzen und bewusst zu regieren, weil es nur eine Teilwahrheit davon jeweils im Bewusstsein wach zu halten vermag und diesen Teil gleichsam grell herausblendet; den anderen Teil der Wahrheit aber unterschlägt und so – wie es das Wort sagt – verblendet bleibt.

Dieser Geistes-Zustand der Verblendung bringt es mit sich, dass dann eine Teil-Wahrheit gleichsam fixiert und für voll genommen wird; – wodurch sie sich als Halbwahrheit und schließlich nur mehr als Lüge herausstellt. Ein solcher Geist, dessen Kraft niemals hinreicht, um die volle Kapazität der geistigen Kraftfeldordnung zu fassen, wird auch *Dämon* genannt.

Mit dem Bereiche des Dämonischen und seiner charakteristischen Bewusstseinsspaltung taucht aber – und zwar notwendiger Weise – zugleich jene seltsame Begriffsspaltung in Gut und Böse auf; und damit sinkt jede echte Moral zu bloßen Begriffsmoralität herab und erweist sich als die Domäne der Dämonen.

Das Dämonische ist niemals gut oder böse; es ist auch weder gut noch böse, sondern es ist seinem Ursprung nach gut und böse und an seinem Ziel nur noch böse; und zwar mit der Notwendigkeit seiner geistigen Halbnatur aus ihrem Mangel an Fassungskraft.

Diesem Ziel zu entrinnen, gibt es nur eine einzige Möglichkeit: – Die Wiederherstellung des vollen Geisteskraftfeldes durch das Wort Gottes. Im 19. Kapitel der Offenbarung ist dies im 13. Vers auch wortwörtlich ausgesprochen. Das Wort Gottes ist der volle Radius des Geisteskraftfeldes und damit der Vektor des Vollbewusstseins. Es spannt die volle Ordnungsreihe aller geistigen Bedeutungen und schließt den Kreis, wofür die Zahl 13 gleichsam das Siegel ist (siehe Ordnungszahlen von 0 – Jungfrau bis 13 – Löwe).

Das	Wort	Gottes	
3	+ 4	+ 6	=13

Doch eben dieser Löwe ist es auch, vor dem der Dämon zittert, – und – den er so gerne nachmachen möchte, Was dabei herauskommt, ist dann jenes Tier, gleich einem Parder, mit Bärenfüßen und einem Löwenmaul – oder mit einem Wort: Breitbeiniges Maulheldentum eines grobschlächtigen Raufbolds. Alle Eigenschaften des ganzen Löwen sind wohl da: Gewandte Kühnheit, besondere Kraft, die Lautstärke, die einen wirklichen Löwen ankündigt, aber nur mit dem Geist des Ganzen stimmt es eben doch nicht so ganz; ihrer Ordnung nach sind alle Eigenschaften auf dem falschen Platz.

Doch die Menschen, die zumeist ihr Leben lang in einem magischen Halbschlaf befangen bleiben, sind diesen Traumbildern gänzlich ausgeliefert. Auch in den Traumbildern spiegeln sich ja die Ur-Bilder der geistigen Wahrheit, aber sie werden verzerrt und entstellt nach einer sinnwidrigen, chaotischen Gesetzlosigkeit, welche ihre reine Idealität in eine Irrealität verwandelt. So hat auch das verträumte Halbbewusstsein seine Wahrheiten, welche die eine aus ihrer geistigen Ordnung geratene volle Wahrheit spiegeln; doch wer solche Halbwahrheiten für die volle Wahrheit hinstellt, begeht eine Lüge und verführt zum Irrtum.

In der Offenbarung kommen gleichsam als Zerrbilder der 4 originalen Urbilder des Himmelstierkreises (Löwe, Kalb, Mensch und Adler) 4 „große Tiere" des geschichtlichen Kulturlebens der Menschheit vor:

1.) *Das Tier mit den 7 Häuptern und 10 Hörnern - und auf diesen Auswüchsen 10 Kronen mit den zahllosen Namen der Lästerung - und der Todeswunde auf einem seiner Häupter* (Kap. Nr. 13)

2.) Der *falsche Prophet*: Ein *Tier* mit 2 Hörnern wie ein *Lamm* und der Redeweise eines *Drachens* (Kap. Nr. 13.)

3.) Die Hure Babylon mit ihrem Sitz auf dem *Tier* in der Wüste, mit 7 *Häuptern* und 10 *Hörnern*, die 10 Könige sind, welche das Reich noch nicht empfangen haben. (Kap Nr. 17)

Es handelt sich hier um vier dämonische Mächte von magischer Faszinations-kraft; und sie besitzen diese Macht der Magie, eben weil sie Teil-Wahrheiten göttlicher Geisteskraft sind und sogar sein Wort und sein Ur-Bild – nämlich das Lamm – usurpieren [*usurpare* - lat.: Besitz ergreifen, besetzen].

Das zeigt sich vor allem an den Zahlen 7 und 10 sowie auch an der Zahl 2.

Diesen Tieren gegenüber nimmt der *Drache* als der Teufel eine Sonderstellung
ein; bei ihm erreicht die Zahlenordnung sogar die Zahl der *24 Ältesten*, indem
seine *Häupter Hörner* und *Kronen* 7 + 10 + 7 in Summe die Zahl 24 ergeben.
Dementsprechend ist er zwar der erste, der aus dem Himmel geworfen wird,
aber auch der letzte, der völlig überwunden werden wird.

Bei den anderen vier Tieren, die gleichsam auf der Ebene des Bios seine
dämonische Magie vertreten, finden wir dreierlei verschiedene Zahlenord-
nungen:

1.) $7 + 10 + 10 = 27 = 3^3$ 3 = Zahl des Zeitauslebens

2.) 2   2 = Zahl des Dualismus
      2 *Hörner*; die *Hure* und das *Tier*

3.) 7 + 10 = 17   17 ist eine Zahl die in der Berechnung der Jahresbahn der
      Erde, der Präzession und damit der geschichtlichen Zeit eine besondere
      Rolle spielt.
      Man könnte noch anfügen:

4.) 17 + 2 = 19   19 spielt als Zyklus der Sonne-Mond-Periode von 19
      Jahren eine beherrschende Rolle in der Zeit-Rechnung

Demgegenüber ist die Ordnung des wahren *Lammes* eindeutig auf die beiden
Zahlen 10 und 12 gegründet, wie dies am Deutlichsten bei den 144.000
Auserwählten (10 × 10 × 10 × 12 × 12) oder an der Zahlenordnung der *Braut*
ersichtlich wird.

In den Zahlen 10 + 12 = 22 finden wir wiederum die alte kabbalistische Zahl 22,
welche mit der Zahl 4 (Gott) zusammen 26 ergibt – die Anzahl aller Buchstaben
des [deutschen] Alphabets.

Unter allen *Tieren* ist das gefährlichste und vielleicht auch aktuellste der *falsche
Prophet*, weil hier offenbar die Magie zu aktivistischer Propaganda und am Ende
zu einer Weltwirtschaftswunder-Diktatur mit totalitärer Zwangsherrschaft

missbraucht wird.[60]

Was hier einer kulturgeschichtlichen Menschheit angekündigt wird, ist durchaus kein Evangelium, sondern der Zorn Gottes. Es sind die Geburtswehen der geschichtlichen Menschheit, die den Menschensohn empfangen hat und ihn als die wahre geistesgeschichtliche Menschheit zur Welt bringen soll.[61]

Aber das ist etwas, das sie – soweit sie in ihrem Dämmerbewusstsein nach irgend etwas Erstrebenswerten fragt – nicht will, weil das weh tut. Es tut, wie alles auf der biologischen Ebene, umso mehr weh, je mehr man sich gegen die Ordnung und den geschichtlichen Zeitlauf auflehnt, denn es steigert sich dann zu Krampf, Krise und Katastrophe, Es tut vor allem noch viel mehr weh, wenn man nicht weiß, warum und nicht wissen will, wozu es gut sein soll und es wird vollends böse, wenn dabei noch durch falsche Tatsachen, Ursachen und Motive ein Sinn des Lebens vorgespiegelt wird, der ganz offenbar bloß [kollektiver und kultureller] Wahnsinn ist.

Die Apokalypse gehört zu den großen Wundern des Wortes, vor allem schon darum, weil sie ihren Platz in der Bibel gefunden hat, obwohl sie seither anscheinend fast nur missverstanden werden konnte. Und je mehr ein Mensch den wahren Sinn des Lebens zu fassen vermag, umso deutlicher wird er notwendiger Weise mit den historischen, ja sogar hysterischen Wahnsinn seiner Zeit(auslebe)genossen konfrontiert und immer wieder auch selbst davon ergriffen, um wieder in das Chaos der großen Mühle mithineingerissen zu werden, in der auch wirklich nichts der Zerstörung entgeht, was nicht von Anfang an durch und durch echt ist. Je mehr der Mensch mit einem Sinn für

---

[60] Man könnte das heute durch aus so sehen, dass sich all das recht deutlich zu zeigen beginnt. In der Welt ist allerdings auch alles relativ und relational, weshalb sich aus der Welt heraus immer verschiedene Perspektiven und Ansichten argumentieren lassen, sogar komplett gegensätzliche. Auf der prinzipiellen und abstrakten Ebene ist das dagegen viel eindeutiger, auch wenn man die grundsätzliche Komplementarität der Kategorien und Prinzipien anerkennen muss, die sich als Paradoxität ausspielen können und es auch tun – siehe das Modell der Quanten-Matrix. – Anmerkung des Herausgebers

[61] Hierzu kann man sich von den Arbeiten von Achim Klein inspirieren lassen. Auf YouTube finden sich verschiedene Videos dazu und auch das Handbuch der biblischen Prophetie ist empfehlenswert. Klein, Achim: Neues Handbuch der biblischen Prophetie; BoD 2022, ISBN: 978-3755781684; – Anmerkung des Herausgebers

Wahrheit begabt ist, desto schwerer wird er in dieser Umgebung echte Lebensfreude finden, die nun einmal der wahre Sinn des Lebens bleibt.[62] Diese simple Wahrheit ist nur selten geleugnet worden; der Weg zu dieser Wahrheit des Lebens aber führt durch das wüste Schlachtfeld der Leidenschaften – bis auf eine schmale Spur[63], die auch keine Hölle mehr verwischt und die unbeirrbar zum Ziele führt: Zu jener Ordnung die der wahre Sinn des Lebens ist – seine reine Wahrheit und dennoch seine reine Freude.

---

[62] Man beachte auch die zwei Naturen des Menschen, wie sie u.a. von Paulus beschrieben werden. Im GFK-plus Kulturstufenmodell ist die Reise der biologischen Kreatur über die funktional denkende, kluge Kreatur und dann hin zum fürsorglichen geistigen Menschen beschrieben. Fürsorglichkeit ist dann das primär organisierende Prinzip – jenseits von sympathisch und unsympatisch. Die Fürsorglichkeit kommt andererseits im neuen Testament als primäres Gebot vor. Mehr dazu unter https://gfk-plus.net Ich möchte noch hinzufügen, dass GFK-plus nicht aus einem religiösen Verständnis heraus konstruiert wurde. Aber systemisch scheint sich hier einiges zu bestätigen. – Anmerkung des Herausgebers

[63] Man beachte die Nulllinienaspekte der Kategorien der Quanten-Matrix, welche Ausgänge aus diesen Kategorien darstellen. Zusammen bilden sie ein Nulllinienkreuz, das man zu einem geistigen Schulungsweg ausarbeiten kann. Die klassische Gewaltfreie Kommunikation nach Rosenberg findet sich in ihren vier Schritten wieder und lässt sich in ihrer Wirkung auf die Bewusstheit innerhalb der Quanten-Matrix erklären.

38.) Die Psychologie und der Logos der Seele

Die moderne Psychologie ist auf dem Boden einer Medizin gewachsen, die ihre Anerkennung der schwungvoll vertretenen Behauptung verdankt, die Seele sei ja bloß Einbildung – es käme stattdessen mehr auf Ausbildung an.

Da die Seele[64] wirklich nur die Einbildung [ein Phänomen] jenes Geistes ist, der uns im Bilde des Menschen begegnet und alle Ausbildung darum eine geistige sein muss, bei der es auf die Begegnung mit dem Geist der Schöpfung ankommt, war diese Behauptung auch im Sinne des Wortes vollkommen richtig. Aber nicht das Wort fand Gehör, sondern die ungehörige Meinung, dass es nichts zu sagen habe; Geist, Wort, Bild und Einbildung wurden damit zu Unsinn erklärt und was eine Ausbildung auf dieser Grundlage wert sei, kann eine inzwischen sehr leidend gewordene Menschheit nicht mehr beurteilen, weil ihr die geistigen Grundlagen hierzu abhandengekommen sind.

Die modernen Geisteskrankheiten sind auf dem gleichen Mist gewachsen, wie die wissenschaftlichen Ausbildungen, die sich heute der Einbildung hingeben, sie vielleicht doch eines Tages heilen zu können. – Damit ist der Teufelskreis bloßgelegt, auf dem in der Tat jene sogenannten Einbildungskrankheiten ihre Ausbildung erfahren: Eine aus der vollen Wahrheit des Wortes zur Halbbildung gemachte Meinung bildet sich zur kopflosen Behauptung aus, wird für voll genommen und als Einbildung hernach zur fixen Idee. Diese fixe Idee ist vom Menschen zuerst bloß fixiert worden, stellt sich hernach dann aber als die eigene Festlegung und Festsetzung in eine Festungshaft und in immer beängstigender und beengender strangulierenden Fesseln heraus, die sich stärker erweisen als der Mensch selbst. Das Ende ist dann jener Angstzustand der Besessenheit, in welchem der Kranke gleichsam bei jeder nur leisen hilfreichen Berührung seiner Fesseln in eine Raserei von Abwehrbewegungen gerät, die ihn nur noch tiefer verstrickten. Es hat sich gezeigt, dass diese Abwehr allein schon alle Angriffsmaßnahmen schwerster seelischer Schockkaliber herausfordert, ohne

---

[64] *Seele* steht hier für das vom Geist belebte Emotional und Mental, das sich im englischen Wort *mind* gut wiederfindet. Andere verstehen unter *Seele* nämlich den Geistesfunken selbst, der aber vom Autor damit nicht gemeint ist. – Anmerkung des Herausgebers

dass diese dem Menschen eine wahrhaft befreienden Aufgangsposition zu schaffen vermögen. Seine eigene geistige Fessel, erweist sich immer als das stärkere Band.

Und damit erweist sich die Einbildung als jene Imago, deren Macht seit eh und je als Magie bekannt war. Die Realität dieser geistigen und seelischen Kräfte zu leugnen, hat sich als ebenso verhängnisvoll erwiesen, wie die abergläubige Angst vor ihnen. Es bleibt der Menschheit nur noch ein dritter Fehler zu tun übrig: Sie durch anspruchsvolle Anwendung geistlos zu missbrauchen und damit die Macht des Widersinns auf Weltformat zu bringen. – Doch es kann auch dann, so wie immer seit Golgota, bloß auf eine Konfrontation des Wahnsinns mit der Wahrheit hinauslaufen, deren Ausgang umso weniger zweifelhaft sein wird, je größer die Machtstellung des Widersinns und aller Widersacher ist.[65]

Mit der Größe der Einbildung wächst auch der Anspruch ihrer Halbwahrheit, für voll genommen zu werden; und mit der Ausbildung jenes Anspruchs und seiner dämonischen Weltmacht gegenüber der bildenden Geisteskraft des Worten nimmt auch das Ausmaß des Widersinns mit seinen illusionären Täuschungen und Enttäuschungen zu.[66]

Es ist für den unbefangenen Verstand eine klare Konsequenz, dass sich die Geisteskraft des Wortes auf diese Weise als jener Logos erweist, der als der Sinn des Lebens und damit auch der Seele und als die Kraft aller Bildung bekannt ist:

---

[65] Hier sei – gerade durch das Bild von Golgatha – die Herzlosigkeit als die eine zentrale Schwäche benannt, die in der grundlegend fürsorglichen Haltung einen Gegenpol findet, die im Christentum klar zum Ausdruck kommt, die jedoch auch über dieses christliche Bild hinausgeht, da es sich um eine grundlegenden Gegensatz handelt. Dieser ist jedoch weniger ein persönlicher Makel an sich, sondern zeigt weit mehr die weitere Entwicklungsnotwendigkeit des menschlichen Zusammenspiels auf. In diesem Sinn ist auch die bisher 2000-jährige Gnadenzeit in der christlichen Religion zu sehen, die allerdings noch keine umfassenden Wunder in Bezug auf die Herzentwicklung leisten konnte. Das primäre organisatorische Prinzip ist weit weniger die Fürsorge als es andere Werte sind. Auch wird sie weit weniger angestrebt als etwa „Gerechtigkeit" – dieses Phantom unter den Werten. Menschen werden einander nicht gerecht, wenn sie Gerechtigkeit anstreben. Sie müssten sich der Fürsorge zuwenden. Anmerkung des Herausgebers

[66] Hier ist tatsächlich der (interdisziplinäre und systemübergreifende) Diskurs zu nennen. Der Herausgeber hat zwei Diskursmodelle dazu entwickelt, den Diskurskreis und die Diskurspyramide. Damit kann das Sinnvolle und Konstruktive in Systemen ansteigen.

Jene Kraft der   -   Willensbildung
                           -    Verstandesbildung
                           -    Gefühlsbildung
                           -    und Leibesselbstbildung des Menschen auf Erden,
        seiner -   Taten
                           -    Werke
                           -    Gegenstände,
        seiner -   Ur-Sachen im determinierten Reich der Materie
                           -    Ur-Sprünge im terminierten Zeitausleben
                           -    Ur-Teile im Reich des Geistes …

… aus dem im Anfang von Gott zwischen Himmel und Erde gegebenen Wortes, welches die lichtvolle Ordnung ausgesprochen und für ewig festgestellt hat, um sie uns jederzeit als Geisteskraft seiner Mit-Teilung zu bewähren[67].

Das wäre also die Ordnung einer wahren Gewähr, in der auch eine Psychologie den Logos der Psyche als den wahren Sinn aller Sinne gewähren könnte.

Was heute *Psyche* genannt wird, spielt vor allem die beiden Ebenen des Gefühls und des Bios an; denn was wir Seele nennen, spielt sich als eine Geschichte zwischen Leben und Erlebnis im Bereich der Sinne ab - und auch im Bereich jenes inneren Sinnes, der alles, was er an Bedeutung außen erfassen kann, nur im Gleichnis und nach einer inneren Ordnung wiederzugegeben vermag, durch eine sinnrichtige Deutung des Geschehens.

Ob wir in Sinnbildern, in Funktionsgleichnissen oder in abstrakten Zahlengleichungen deuten, hängt von der Ebene ab, welche man bevorzugt und wem man sich damit verständlich machen möchte; aber es ist von untergeordneter Bedeutung. Entscheidend ist die Sinnrichtigkeit.

Wenn die Klages'sche Graphologie[68] von der gegenständlich fixierten Ausdrucksbewegung und ihrer darin wirkenden Gestaltungskraft spricht, dann verlegt sie ihre Deutung auf die drei Ebenen von *Tat – Wirkung – Gegenständ-*

---

[67] Siehe dazu auch die Teilungsaspekte der Kategorien der Quanten-Matrix. – Anmerkung des Herausgebers

[68] Friedrich Konrad Eduard Wilhelm Ludwig Klages (geb. 10.12.1872 in Hannover; gestorben am 29.07.1956 in Kilchberg, Schweiz): Lebensphilosoph, Psychologe und Begründer der ausdruckswissenschaftlichen Graphologie – Anmerkung des Herausgebers

lichkeit; wenn sie richtig deutet, wird sie den Sinn der ganzen Ordnung in allen gegebenen Zusammenhängen finden. Somit wird sie dann auch psychische oder geistige Defekte diagnostizieren können, soweit sie selbst psychisch und geistig stimmig ist und angemessen angewendet wird.

Alfred Adler, Sigmund Freud und Viktor Frankl spielen der Reihe nach die drei äußeren Projektionsebenen der Materie, des Lebens und des Geistes an; und sicherlich gibt es auch hier sinnrichtige Deutungsmöglichkeiten. Soweit man in diesen Ebenen auf Grund stößt, ist es auch richtig von einer sogenannten Tiefenpsychologie zu reden.

Eines aber wird jeder wahren Psychologie zu Bewusstsein kommen müssen: Eben dieses volle Bewusstsein selbst; – und dass sie mit Begriffsgebilden wie Unterbewusstsein, Überbewusstsein, etc. nur jene Begriffs- und Bewusstseinsspaltung hervorruft, die sie hernach heilen will und – nicht kann. Keine Machtmittel dieser Welt können spalten und heilen zugleich. Nur einer kann teilen und verbinden in einem: Das Wort durch seine Mitteilung aus der Kraft und nach der Ordnung des Geistes, das *„Schwert meines Mundes"* wie bei Johannes zur Sprache kommt, in der Ordnung der sieben Sterne.

39.) Was ist Magie?

Der medizinischen Psychologie ist zu folgender Feststellung herausgefordert, bzw. mit ihr überfordert: Magie ist die Macht des Menschen zu verwandeln, indem sie Einbildung in Ausgebildetes umwandeln.

Das gilt grundsätzlich für alles, was immer auch Menschen im Laufe von Zeit und Lebensgeschichte aus eigener Initiative zu wandeln vermögen. Daher ist die Kraft der Magie das kulturgeschichtliche Alternativ des Menschen. Sie ist in seiner geistesgeschichtlichen Sendung mit eingeschlossen und der Geisteskraft des Wortes untergeordnet, wenn sich der Mensch dem Sinn seiner Sendung unterordnet und seine Frucht trägt. Diese Frucht nennt man auch Menschensohn.

Da er die Verantwortung für das Wort nur aus freiem Willen und in vollem Bewusstsein des Geistes und angesichts seiner Wahrheit auf sich zu nehmen und zu tragen vermag, ist es ihm ebenso wohl freigesteilt, diesen geistigen Auftrag zurückzuweisen und seine Sendung zu verneinen. Damit verneint er notwendig den Sinn seines Lebens, ist aber dann zunächst gezwungen, sein Leben selbst zu bejahen.

Da er hierüber schon entschieden hat, ist er im gleichen Augenblick auch schon nicht mehr frei, sondern bereits im magischen Bannkreis des Lebens befangen und somit ein Unterworfener des Zeit-Wandels. Er ist nicht mehr der Herr seiner Geschickte und seines Zeitauslebens, sondern ihr Sklave. Und er ist deshalb Sklave, weil er diesem Schicksal auf Tod und Leben ausgeliefert ist.

Im Leben herrscht Aszendenz und Deszendenz, Auf und Ab, Terminierung und Determinierung, – Werden, Geschehen und Vergehen, Zeugung und Zerstörung; und in allen Keimen des Lebens der Tod.

Gewiss, wenn wir den Sinn des Lebenskreises erkennen, erweist sich dieser Tod in den Lebenskeimen als große und abgründige Illusion, die aus dem Nihilismus des Menschen wider den Geist aufsteigt. Welcher Irrtum ist vernichtender, als jener, der sich im Tode den Vernichter einbildet? Und nichts lässt sich fundamentalbiologisch leichter widerlegen als gerade diese Einbildung und ihre totale Sinnwidrigkeit. Ja, die ganze Fundamentalbiologie hätte überhaupt keinen Bios und kein Fundament, wenn Tod und Leben nicht eben Eines wären: Das Leben ist in seinem Grunde das „zu Grunde gegangene" Leben, welches daraus wieder seinen Ursprung zu seiner Höhe nimmt (Siehe auch Abb. 3: Die Hauptkategorien Real, Grund und Folge stehen nach dem Autor in einem bestimmten Zusammenhang, der sich im Text andeutet. Im Modell der Quantenmatrix des Herausgebers sind sie gleichermaßen zu finden – hier zum besseren Verständnis aufgeführt – der Herausgeber). Was wir dagegen Tod nennen, ist im Grunde eben – „Fundament und Wesen des Lebens und seiner Lebewesen". Dies ist ebenso wohl Gleichnis, wie auch im vollen Sinne des Wortes das Gleiche. Es ist als Wahrheit des Lebens im Lebensreich der Natur ausgesprochen. – Mit Erkenntnis vermag man das auf allen biologischen Ebenen des Lebens wahrzunehmen und darzustellen – angefangen von den biologischen Molekülen oder Protiten bis zum kulturgeschichtlichen Menschen.

Aber auch die klarste Erkenntnis ist nur eine unter anderen auf den unterschiedlichen Projektionsebenen des Bewusstseins, wenn auch die innerste und intimste, durch welche die Erkenntnisfähigkeit des Menschen seinen zentralen Stand im Reich des Geistes und seiner Schöpfung einzunehmen im Stande ist.

Eine Verstandes-Erkenntnis ist eine Art Spiegelfläche, mit dem virtuellen Sinn, die Wahrheit zu gewahren, die ihm über die Sinnes-Wahrnehmung zukommt. Erkenntnis und Verstand sind noch nicht das Bewusstsein selbst. Auch eine volle Erkenntnis ist mit ihrer letzten Klarheit nur die eine Seite aller Kraft der Magie: Die richtige Immago – die stimmige Einbildung.

Die sinnrichtige und volle Ausbildung vermag nur Einer auszurichten – aus der Geisteskraft des schöpferischen Wortes – in Sinnrichtung der Kraft und nach der vollen Ordnung des Geistes. Eine solche *„Magie des vollbewussten Seins"* ist die Geisteskraft des Wortes Gottes: Der vollkommene Wille.

Der klare Verstand allein ist auch in seiner höchsten Weisheit ohnmächtig. Es gibt hierfür kein vollkommeneres Zeugnis als die Weisheit des Alten Testaments und der drei Weisen aus dem Morgenlande: Lao Tse, Kung Tse mit seiner I Ging-

Übersetzung und die altindische Weisheit mit ihrem Gipfel im Zen.[69]

Davon abgesehen hat es zu allen Zeiten Magier aller Schattierungen zwischen schwarz und weiß gegeben; doch die Geschichte, welche sie mit ihren Zauber-Worten angerichtet haben, ist eben nur grau in grauenhaft. Das wahre Wort Gottes hat und ist nur der Eine, der es geben wird, wem Er will. Und der Empfänger des Wortes richtet dann nicht nur aus, was vielleicht gerne gehört wird, sondern alles, was ihm gegeben ist, auszurichten; – es ist die Botschaft des Wortes.

Die praktische Konsequenz einer vollkommen klaren Erkenntnis der reinen Wahrheit des göttlichen Geistes ist die einzigartige Offenbarung eines Menschen, der – in einer Welt tobsüchtiger Narren ebenso vollkommen allein steht und der Höllenqual von Besessenen zusehen muss, welche nach Freuden und Befreiung schreien und fluchen; Diese Freuden und Befreiung gibt es so nicht und sie verstricken sich nur noch tiefer in die Fesseln ihres eigenen Wahnsinns. Sein Leben ist das Erlebnis der Ohnmacht dieser vom Teufel besessenen Mitwelt, die eine Wahnwelt ist. Ebenso klar, wie er die prinzipielle Wahrheit erkennt, weiß er auch, dass er sie diesen Narren nicht sagen kann. Sie lassen die Wahrheit nie zu Wort kommen; und das eine Mal, da auf Golgatha die Wahrheit aus der Vollmacht des Heiligen Geistes sich dennoch Gehör schaffte und in dieser Welt einen Grundstein setzte, war als Reaktion dieser Hölle nur eine Kette lawinenartig ansteigender Blutrausch-Bestialitäten der Rache die Folge, die keine lebende Kreatur verschont hat.[70]

Doch damit ist auch eines vollkommen klar geworden: Dies eine Wort hat genügt, um ein für alle Mal als klare Tatsache die Geistesgeschichte zu schaffen, auf die es in Wirklichkeit ankommt: Das Machtwort ist gesprochen worden und geschehen. Mit der Geschichte der ohnmächtigen Weisheit gegenüber einer

---

[69] Drei Weise, welche den Sternen folgend (Astrologie) – wie wir heute den GPS-unterstützen Routenplanern folgen – an ihr Ziel kommen. Nur die Zielgenauigkeit ließ etwas zu wünschen übrig, auch wenn Ort und Zeit richtig waren. Zumindest ist es eine Erkenntnisgeschichte, wenn nicht geschichtliche Erkenntnis.

[70] Das setzte sich gleich bei den Apostel weiter fort, denen fast allen ein gewaltsamer und meist qualvoller Tod nachgesagt wird. Selbst wenn da einiges Geschichte ist, ist es eben eine gewaltsame Geschichte und keine des Friedens und Gelingens. Es ist die des Widerstandsgeistes dagegenhaltende Geschichte.

unsinnigen Narrheit ist es endgültig vorbei. Zwar läuft die Geschichte in ihrer ganzen Dämonie noch weiter, doch ihr Ende ist bereits gültig; es ist offen ausgesprochen und besiegelt. Und damit hat die Geschichte des Geistes und seine Vollendung begonnen; eben Kraft dieses Wortes ist sie eröffnet. Und in diesem Rahmen und nach der Weltordnung dieser Geistesgeschichte kommt auch die Erkenntniskraft des Menschen zum Zug. So wird sich wird Zug um Zug – Sphäre um Sphäre – das menschliche Bewusstsein zum Vollbewusstsein erweitern, welches der Geist des ewigen Lebens im Menschensohn ist. Es ist der Weg von toter Logik zur Teilhabe an der lebendig sich auswirkenden Wahrheit.

40.) Die offenbare und die geheime Magie

Es gibt eigentlich nur ein einziges Wunder: Die Geisteskraft des gegebenen Wortes, das zur Tagesordnung ruft und sie im gleichen Augenblick damit hervorruft.

Dieses eine Wunder ist ganz offenbar die Wahrheit, die der geheime Grund aller Wundererscheinungen ist. Es ist Licht, sobald uns diese Wahrheit offenbar ist; und es ist Finsternis, sobald wir diesen einen Grund aller Wundererscheinungen nicht einsehen. Bisher tauchen alle Erscheinungen der Natur wie aus einer dunklen, nebelhaften Tiefe in einer Reihenfolge vor unseren Augen auf, die keinen Sinn zu haben scheint und die uns weder anspricht noch von uns angesprochen werden kann. Alles, was wir dann an Worten, Fragen und Rufen einwerfen und einwenden – es ist wie verloren und als ob es nichts zu sagen hätte.

Dieser Zustand, in dem es weder ein Verstehen noch ein Verständigen mit den Dingen gibt, die in verwirrender Folge vor unsere. beschränkten und umnebelten Gesichtskreis geschehen, ist der Zustand der Verwunderung.

Wir könnten diesen Zustand mit einem einzigen Wort augenblicklich beenden und Licht machen; etwa mit dem Wort: „Warum verwunderst du dich?"- Es ist die Frage, mit welcher der Engel in der Geheimen Offenbarung den Johannes anspricht, der sich über die Hure auf dem Tier in der Wüste verwundert.

Denn eben dieses Warum in unserer Verwunderung ist die – Frage nach dem Wort der Tagesordnung, in welcher wir das Licht voraussetzen, mit dem zugleich wir Einsicht haben müssten und Antwort.

„Warum verwunderst du dich"? – Antwort: „Weil ich das im Augenblick nicht einsehen kann". – Mit einem Wort: Ich setze Licht und Ein-Sicht voraus – und es wird nicht! – Ich sitze im Finstern. Eine solche Voraussetzung kann ich gar nicht machen, wenn sie nicht schon im Voraus ihren Sitz in meinem Bewusst -Sein hat; etwa mit dem Wort: „Jetzt müsste mir doch eigentlich ein Licht aufgehen! – Verwunderlicher Weise aber – nicht?!? Ergo: Es stimmt etwas nicht! Und das kann nur entweder meine Voraussetzung oder aber meine Verwunderung sein.

Bei diesen beiden Optionen kann man nur einmal falsch raten und auf „meine

Voraussetzung" setzen. – Und das ist es, was der Engel dem Johannes mit seiner Frage zu verstehen gibt: – „Deine Voraussetzung stimmt schon, aber deine Verwunderung verstehe ich nicht. Ja siehst du denn nicht das alles?"

Im Augenblick, in dem Johannes das scheußliche Zerrbild gegenwärtig war, waren ihm die Zusammenhänge nicht klar – nämlich die Sinn-Zusammenhänge der Zeit und des Lebens, das sich zu einer solchen Groteske ausgewachsen hatte! – Der Engel musste sie ihm sagen; und er tut das mit jener wahren Engelsgeduld, welche die einzige Waffe ist, vor der selbst der Mensch mit seinem Ach und Oh kapituliert, denn sie betrifft ihn mit jener echten „Rührung", die ihn einfach umbaut". Also schildert der Engel dem Johannes die bekannte Ordnung, die er da selbst bereits in den Kapiteln vorher so ausführlich beschrieben hat, dass er sie schon auswendig gelernt haben müsste, entsprechend dem Urteil.

Nr. 10	Des Geistes-Wortes	Pluto	Urteils-Gesetz, Geist
Nr. 9	Die Hure auf dem Tier	Neptun	Zeitausleben
Nr. 8	Das Tier selbst = 8. König	Uranus	Materie =Zahl-Raum-Zeit-Konnex
Nr. 7	7. König	Saturn	Gegen-Stand
Nr. 6	6. König	Jupiter	Wirkung
Nr. 5	5. König	Mars	Tat
Nr. 4	4. König	Mond	Form
Nr. 3	3. König	Venus	Gefühl
Nr. 2	2. König	Merkur	Verstand
Nr. 1	1. König	Sonne	Wille

Und diese Ordnung, die immer schon da gewesen ist und immer da sein wird und immer wiederkehren muss, findet sich natürlich auch in jeder Geschichte – auch in einer solchen historischen Entwicklung, die ihren geistigen Sinn verfehlt; und dann zeigt sich diese Ordnung natürlich nicht in der Braut Jesu Christi, sondern erscheint als die Hure auf einem vorsintflutlichen Ungeheuer, die in der Wüste ihr Dasein beschließt, indem sie sich einfach unmöglich gemacht hat. Und zwar mit einer zu faulem Zauber entarteten Magie! Ebenso wie durch die unduldsame Verfolgung der Heiligen, die das Zeugnis Jesu haben, welches der Geist der Weissagung ist!

Dass ein solches Zukunftsgemälde auch einen Apostel Johannes einigermaßen erschüttern und aus der Fassung bringen kann, lässt sich nachfühlen. – Ein solches Gräuel-Bild soll aus einer lebendigen Menschheit werden, für die sein Jesus gestorben ist! Aus einem Verein, der sich anmaßt, seine Gemeinde zu sein – seine Braut! – Nein! – selbst auf dieser Welt! Wie kann etwas so Unmögliches geschehen – im Angesicht Jesu Christi und vor den Augen der Menschen, die sich auch alle nur darüber verwundern können und sonst nichts! Freilich werden sich nur jene verwundern, „deren Namen nicht geschrieben stehen in dem Buch des Lebens von Anfang der Welt".

Auch in dieser Unmöglichkeit ist etwas „zum Teil in Ordnung" und es ist genau besehen ein sehr großer Teil der ganzen Ordnung. Und auch im faulsten Zauber wirkt immer noch etwas von jener wahren Magie, selbst wenn die Faulheit aller Zauberlehrlinge zum Himmel stinkt und der ganze Erdkreis den Braten riecht, der da in des Teufels Küche als das Weltgericht gargekocht und fix angerichtet wird. – Und doch wird diese Geschichte – rechtzeitig und einigermaßen plötzlich – vom Ober abserviert. Es gibt Scherben und selbstverständlich auch Tränen. Denn was da „zum Teil alles dran in Ordnung war" – das war ja ganz gewiss auch echt. Nur – vollkommen war es nicht; und der Sinn des Wortes ist nicht Halbheit und schielende Geheimniskrämerei, sondern das Heil. Und das offenbar und seiner vollen und wahren Ordnung nach. Und dieses Heil ist die wahre Richtigkeit, die das Weltgericht ausrichtet.

41.) Von der Verwunderung zur – Verwundung

Wem das Wunder des Wortes nichts zu sagen hat, der wird in Verwunderung geraten und – in Verwundung; und wer auch diese Stimme nicht versteht, der fällt.

Wer gefallen ist, kann nicht verstehen und irrt durch das Traumland der Verwunderung; und hier gibt es nur die eine schmale Pforte der Befreiung und des Erwachens: Das Wunder des Wortes.

Das ist die Stufenleiter von Sündenfall und Erlösung. Der Sündenfall spielt sich auf der Höhe einer menschlichen Erkenntnis ab, zu welcher dem Menschen die wahre Lebensreife fehlt.

In biologischer Sicht spielt sich damit ein Vorgang ab, welcher das entscheidende Kennzeichen für den phylogenetischen Entwicklungsschritt des Lebens zu einer neuen Art ist, mit welcher eine höhere Kunst des Lebens – eine *ars vivendi* – das Entwicklungsziel dieser Geschichte darstellt.

Es ist das Verdienst Darwins, nachgewiesen zu haben, dass dieser Telos der gesamten Phylogenese aller Arten von Lebewesen eindeutig der Mensch ist. Die Phylogenese ist daher nicht allein der Lebens-Stammbaum aller Tiere vom Einzeller aufwärts. Ihr bisher erreichtes Hochziel ist – so weit das naturwissenschaftliche Gesichtsfeld reicht – der Mensch.

Das einzig Verwunderliche an dieser Tatsache ist, dass es der Mensch selbst ist, der sie eben auch gefunden hat; und dass ihm dies verdächtig vorkommt, weil er sich selbst eben so gar nicht auf der Höhe sieht.

So wurde denn auch die Darwin'sche These einerseits mit überschwänglicher Hochstimmung gefeiert, andererseits mit Empörung zurückgewiesen. Übermut und Kleinmut tobten sich aus und was zurückblieb, ist heute als jene seltsame Halbheit zu beobachten, die weder Ja noch Nein sagen kann und Frage und Antwort überhaupt nicht zur Kenntnis nimmt. Der moderne Mensch interessiert sich für alles andere nur nicht für sich selbst in Bezug auf das größere Ganze; und damit ist auch all sein gut gespieltes Interesse nach anderer Sichtart reine

Heuchelei. Er gibt immer das Gegenteil von dem vor, was er für sich zurückbehält. Und er behält immer das Bessere für sich zurück, nämlich die Wahrheit, auch dann, wenn sie – nach moralischen Maßstäbchen – das Bösere ist.

Der Mensch schämt sich dafür, dass er nackt ist. So versteckt er sich hinter den zeitgemäßen Vorwänden – Feigenblätter oder Phrasen – sucht sodann Entschuldigungen bei sich selbst und Schulden bei anderen, um zuletzt das ganze Spiel umzudrehen: er überhäuft sich mit Schulden und Vorwürfen und wird mit seinem Geheul schließlich – unverschämt. Damit ist der Künstler, die Kunst und das Thema erschöpft – nur eben, dass es sich nicht um Lebensart gehandelt hat, sondern um Unart; und damit hat man auch sein Paradies und seine Menschlichkeit verspielt Und das bedeutet, man ist am Ernst seines Lebens wegen Kindereien und Halbheiten vorbeigegangen.

Dieses Beispiel könnte nun als eine Paraphrase zum gleichen Thema aufgefasst werden, die sich nun wiederum als Adagio in Moll, als Presto in Dur und als *Finale lamentabile cum espressione* variieren ließe, bis zum Stillstand dieses ewigen Leierkastens; – oder es könnte so aufgefasst werden wie es gemeint ist. Halten wir zur Abwechslung einmal inne und sorgen dafür, dass unser Kreatur-Selbst einen Augenblick lang die Beine still hält. Sobald wir aufhören, uns mit uns Selbst im Dreck herumzubalgen, kann nämlich der wahren Geist des Menschen zu Wort kommen. Es wird dann im Weiteren belanglos, was genau zur Sprache kommen mag – es sagt uns dann die Wahrheit. Darwin – Enderlein – die Natur – die Gestirne – der Erdkreis – die Physik und die Chemie – unsere Bücher und auch das Buch der Bücher – sie alle stimmen mit der Wahrheit überein, die das Wort spricht, oder sie kommen gar nicht mehr zur Sprache.

Ich gebe zu, das dürfte für viele Leute dasselbe bedeuten, wie für die Kinder die Erkenntnis, dass es eigentlich keinen Weihnachtsmann gibt und auch keinen Klapperstorch, der die Babys zustellt. Diese ganzen, großen Märchenträumereien sind nichts anderes als Lüge, die man zu einer naiven und langweiligen Kindergeschichte gesponnen hat, weil es der gute Ton verlangt, einfache Wahrheiten verschämt oder unverschämt zu unterschlagen und zu verschweigen. Für den Liebhaber der Wahrheit jedoch drängt sich auch hier die Frage der Verwunderung auf: Warum? Ja, es gibt eben „die Hunde und die Zauberer und die Hurer und die Totschläger und die Abgöttischen und alle die liebhaben und tun die Lüge". Genau so wie es der Apostel am Ende seiner Offenbarung feststellt (Off. 22, 15).

Und so gibt es für unsere Verwunderungsfrage die verwunderte Frage jenes Engels; „Warum verwunderst Du dich!"

Denn mit dieser Verwunderung bleiben wir doch nur in der Verzauberung befangen mit welcher jeder Gräuel wie ein Sog seine verwüstende Gewalt über unsere Sinne bekommt, dass er sie gefangen nimmt, vergewaltigt, zu abgöttischer und hündischer Unterwürfigkeit nötigt und sie zu den gleichen Liebhabern der Lüge abrichtet, um sich am Ende als jenes große Gräuel der Verwüstung zu erweisen, der vom Sinn des Menschen – nichts mehr übriglässt. Hier ist dann kein Sinn mehr und hier hat dann das Wort auch nichts mehr zu sagen. Hier ist darum auch keine Verantwortung, keine Antwort und gar keine Frage. Das alles ist ein Zerrbild, das herabzerrt „alle, deren Namen nicht geschrieben stehen im Buch des Lebens von Anfang der Welt". (Off. 17/8) – Es ist der ewige Sündenfall, der sich psychologisch und phylogenetisch immer wiederholt und immer wieder das gleiche Aufsteigen aus dem Abgrund und ein Fahren in die Verdammnis sein muss. Das alles hat seine Determination und ist geschichtlich nur eine Frage der Termine.

Und diese Frage lässt sich ganz gewiss auch mit der nötigen Engelsgeduld richtig beantworten:

> Ich will Dir sagen das Geheimnis von dem Weibe und von dem Tier, das sie trägt und hat sieben Häupter und 10 Hörner.

> Off. 17, 7

Es ist das Geheimnis von der Zeit und von dem Leben, das sie trägt, das da seine Sieben-Sachen zu Behauptungen erhebt und auf allen Ebenen der geschichtlichen Rangordnung mit zehn Auswüchsen aufzuwarten hat.

Dieses Geheimnis besteht darin, dass die Zeit das Leben unterjocht; solange sie das kam, kann sie es auch ewig zu Schanden reiten und als die große Hure auch in der nackten dürren Wüste sicher darauf thronen. Was da nur überhaupt Leben genannt wird und die Zeit fürchtet, wird sie auch so hoch, also auf eben diesen Rang erheben, dass er ihr alles unterwirft, jedes Opfer bringt, all seine Lebensrechte abtritt, um sich schließlich noch zum Abtritt dieser Hure herzugeben; denn sie ist es ja, die er für sein Leben ansieht – Zeit seines Lebens.

Und „sein Leben" ist es wiederum, welches er für – „das Leben" hält. – Und solange er das tut, wird er eben mit allen nur erdenklicher Mitteln „sein Leben" festzuhalten suchen und damit – das Leben verlieren.

Denn die Zeit seines Lebens lässt sich nicht festhalten; die ist ja eben die große Hure, welche ihm alles verspricht und alles versagt; ihm alles abnimmt, um alles zu vergeuden und durchzubringen und ihn zuletzt in die Wüste des Todes hineinzureiten, in der sich sein ganzer Lebensaufwand nur als komisches Ungeheuer der Kopflosigkeit erweist.

Wer sein Leben lieb hat, der wird es verlieren, weil er mit ihm eben der Liebhaber der großen Lüge wäre – der „Hure Babylon". Und wer diese hasst, der wird sein Leben erhalten zum ewigen Leben.

42.) Die Lebensaufgabe

Es ist also klar, dass die Lebensaufgabe des Menschen genau im Sinne seines Wortes – die Aufgabe seines Lebens zu Gunsten des Lebens bedeutet; und damit ist der Sinn des lebendigen Wortes eben der wahre Sinn seines Lebens, indem es durch die Ur- Kunde des Wortes in Übereinstimmung gebracht worden ist mit dem Sinn des Lebens.

Das Enttäuschende an dieser großen Aufklärung ist eigentlich weder die klare, im Wort *Aufgabe* liegende Selbstverständlichkeit, noch dass eine „Erklärung des ohnehin Klar-Ausgesprochenen" wie ein Sophisma klingt; es ist vielmehr der ungeheure Aufwand an dunklen und dünkelhaften Vorwänden, mit dem sich menschliche Meinung dagegen erhebt, um das Traumleben im Dämmerland des Phrasen-Dschungels nicht aufgeben zu müssen: Der Sinn des Wortes darf nicht der Sinn des Lebens sein.

Denn wenn das Wort den Sinn des Lehens sprechen könnte, dann wäre durch die Geisteskraft seines Urteils jener Bannkreis der Befangenheit zerschlagen, in dem die ängstlich gehüteten Standbilder der Götzen ihre langen und finster drohenden Schatten werfen und ihr unheimlich-geheimnisvolles Tabu heraufbeschwören – mit dem Zauberwort des Vorurteils. Und dann wäre es vorbei mit Sündenfall und Versteckspiel hinter Feigenblättern und Zeitungsphrasen; denn das wäre der Ernstfall des Lebens, bei dem das Wort zu Gehör kommt oder die saftig gereiften Feigen aufs Ohr fallen, dass auch das Sehen vergeht und kein Auge trocken bleibt. Das wäre der Auftakt für die große Götterdämmerung und jene Zukunft des Menschensohnes – die eine Taghelle des Einen:

> „Denn gleichwie der Blitz ausgeht vom Anfang und scheint bis zum Niedergang also wird auch sein die Zukunft des Menschensohnes."
> (Math. 24/27)

Und das wollen die Leute der Stimmenmehrheit nicht läuten hören. Hier erhebt sich das lichtscheue Gelichter, der Pleitegeier mit dem Geschrei der Vögel, die ansonsten in den Köpfen der Menschen nisten und brüten, um ihr Aas zu verteidigen und den Himmel zu verdunkeln. Und darum sagt auch Jesus:

"Wo aber ein Aas ist, da sammeln sich die Adler."
(Math. 24/28)

Kein genetischer Schritt, keine Geburt, kein echter wissenschaftlicher Fortschritt, keine Wahrheit tritt auf den Plan dieser Geschichte, ohne auf jenen Widerspruch zu stoßen, dessen todfinsterer Widersinn umso ärger tobt und aufheult, je größer der Sinn des lebendigen Wortes und sein Heil ist. Er wehrt sich gegen die Helden der Geschichte so gut wie gegen die Tyrannen, doch mit der Zeit lässt er auch die gefährlichsten Gewalttaten und ihre Täter gelten.

Wahrheiten aber werden immer erst heimtückisch abzuwürgen und totzuschweigen versucht, um hernach ewig angefochten zu werden. Ihre Vertreter sind die Könige, gegen die sich eine internationale Weltverschwörung erhebt, denn sie sind es auch, die die Welt erobern – durch ihr Wort. Diese Könige können es sich leisten, ihr Lehen aufzugeben, um das Leben zu führen, dem sie dienen und dessen Herrn sie sind. Und damit führen sie die Aufgabe ihres Lebens durch; nichts kann sie daran hindern und niemand kann sie überwinden. Sie selbst sind es, die binden oder lösen und – überwinden.

Das Kennzeichen echter Lebensführung ist die bewusste Erkenntnis all dessen, was Sinn und Bestimmung des Lebens ist; und die sich ausspricht in jener klaren Durchführung, welche dann als die Stimme des Wortes zu Bewusstsein kommt. Sie ist es, die zur Tagesordnung ruft und sie immer wieder hervorruft. Sie ist jener Autor des Wortes, dessen Autorität sich Gehör schafft und Gehorsam findet. Und das ist es auch, worin das Geheimnis jener Geisteskraft beruht, deren Offenbarung das Wort ist.

Alle Arten der Natur sind in einer natürlichen Weise vollkommen, indem sie ihr Wort zur Kenntnis nehmen und ihm Gehorsam leisten.

Jene Wissenschaft, die wir Naturgeschichte nennen, ist ein einziger Versuch des Menschen, all den Lebewesen ihr Geheimnis abzulauschen, woher sie diese Kenntnis vom Sinn des Lebens nehmen. Denn dem Menschen ist es verloren gegangen; und darum ist er auf jene Erkenntnisse wissentlicher Erfahrung angewiesen, die sich einlernen und auswendig hersagen lassen, die aber weder die volle Wahrheit sind noch deren Gewähr bieten. Abgesehen von den zu Grunde gegangenen Arten vorgeschichtlicher Epochen ist der Mensch heute die einzige Art in der Natur, an welcher die sinnverkehrte widernatürliche Unart in Erscheinung tritt, die in jenem geistesfeindlichen Widerspruch zur Geltung gelangt und als lebensfremde Instinktlosigkeit ihren verheerenden Ausdruck findet.

Und damit eben sieht sich der Mensch vor seine Lebensfrage gestellt, jenes Wort zu finden, das Antwort gibt; oder er muss sie schuldig bleiben als ein äußerst Fragwürdiger.

Dem Leben die Antwort schuldig bleiben aber heißt die Schuld auf sich ziehen, welche das Todesurteil jeder Art und Gattung ist. Es ist ausgeschlossen, den heute lebenden Zeitgenossen auch nur einen vagen Begriff davon zu geben, in welche ungeheuerlichen Ausmaßen der ganze Streit für oder gegen den Materialismus zwischen den Marxisten und den Kapital-Moritzen seiner selbst spottet! – Ganz zu schweigen von all den faulen Zauberlehrlingen, die zufällig auch Moritz heißen und jede Frage mit der selben Fachspezialistenantwort aus der Würmerkunde bedenken; und die sich damit den Rahmen jener Frosch-Perspektive auf Lebens-Zeit gesichert haben, in der man – nur noch rechthaben kann; aber sonst wirklich nichts mehr.

Man müsste dazu überall das interessierte und interessante Geschreibe und Getue hinweggehen – bis zu jener einsamen und wirklich überragenden Persönlichkeit der Gegenwart, welche die wahren Fragen richtig verstanden und im Bewusstsein echter Demut „nur" die rechte Antwort auf das Grundproblem der Physik geben zu können behauptete und mit jener gottbegnadeten Sorgfalt und Umsicht zu Werke ging, die mit wenigen Worten ein Testament für ein künftiges Zeitalter abschließt – unbekümmert um das Geschrei all derer, die ihrer Gegenwart nur beweisen können, dass sie kein Alter, keine Zukunft und – keine Kinderstube haben.

Jener eine, der diese Antwort wusste, gab sie fast zaghaft und mit einer von so großer Weisheit geprägten Zurückhaltung, dass es eine Stille im Himmel bei einer halben Stunde braucht, um herauszuhören, wie wirklich die wahre Antwort klingt. Für mich ist er in der langen Reihe großer Physiker jener ganz Große, der in dieser Wissenschaft das letzte Wort gesprochen hat. Er heißt Erwin Schrödinger.

43.) Erwin Schrödingers Testament

„Was ist ein Naturgesetz?" So lautet der Titel eines in Oldenbourg/München erschienen Buches, in welchem sechs Vorträge erschienen sind, die Erwin Schrödinger im Laufe seines Lebens gehalten oder als Abhandlung in Zeitschriften publiziert hat. Der letzte stellt die einfache Frage: „Was ist ein Elementarteilchen?"[71]

Die Antwort zählt zu den schwersten Kalibern. Sie rechnet ab und räumt auf. Es sind 13 kurze Kapitel, von denen jedes nur wenige Sätze enthält. Sätze, die anspruchslos und beiläufig dahergesagt scheinen, aber – sie sitzen. Denn der Leser, der vielleicht bei der Problemstellung fachlicher Fragen nicht immer gleich im Bilde sein wird, worum es geht, sieht eines auf den ersten Blick: Hinter diesen Worten steht jemand mit klarem Urteilsvermögen, der sich kaum verwirren lässt, der sich den kompliziertesten Fachfragen stellt, sie oft auch bereits aus erster Hand kennt und mit einem nüchternen Realismus zu durchschauen pflegt. Und dieser Jemand bleibt jedem Problem gegenüber – sei es durch richtige Überlegung, sei es durch echte Überlegenheit – ein Mensch und wird nie und nimmer zum Fachwichtelmännchen.

Um dies alles so recht würdigen zu können, muss man wissen, wie Schrödinger zwar mit dem sicheren Instinkt des Wahrheitsliebenden erkannte, dass die Physik ihre Grenze erreicht hat und die eigentlichen Fragen des Menschen nur noch in den Reichen der Biologie und des Geistes zu suchen seien; man muss wissen, dass er sich in seinen letzten Lebensjahren um die Klarstellung dieser Fragen auf verschiedenen Wegen bemüht hat und auch nahe an die entscheidenden Antworten herangekommen ist. Und doch kannte er die prinzipiellen Lösungen nicht, hatte keine Beweise für die Richtigkeit seiner Weltansicht, sondern sie wurde gerade für ihn als großen und echten Wissenschaftler eine Glaubensangelegenheit.

Wie nahe er an die prinzipiellen Lösungen der menschlichen Fundamental-Probleme herangekommen war, hätte ich ihm mit wenigen Worten sagen können, wenn er nicht den Fehler begangen hätte, früher zu sterben. So versuche

---

[71] Schrödinger, Erwin: Was ist ein Naturgesetz? Beiträge zum naturwissenschaftlichen Weltbild; Scientia Nova, Oldenbourg, ISBN 978-3-486-71658-0

ich es denn, nachzuholen; ist doch der Geist, aus dem er das Seine gesagt und getan hat, unsterblich.

Im 4. Kapitel seiner Abhandlung „Was ist ein Elementarteilchen" steht folgender Satz[72]:

> „Die sogenannte klassische Mechanik ist aufgebaut auf der von Galilei und Newton gemachten Entdeckung, dass dasjenige, was an einem bewegten Körper in jedem Augenblick durch die anderen Körper seiner Umgebung bestimmt wird, ganz allein und gerade genau seine Beschleunigung ist – mathematisch gesprochen die zweiten Differentialquotienten seiner Lagekoordinaten nach der Zeit. Die ersten Differentialquotienten – in gewöhnlicher Sprache: seine Geschwindigkeit – müssen deshalb mit zum augenblicklichen Zustand des Körpers gerechnet und als Bestimmungsstücke in die Beschreibung des Zustands mit aufgenommen werden, ganz ebenso wie die Lagekoordinaten selbst, welche seinen augenblicklichen Ort im Raum angeben, ..."

Die klassische Formel dieser Mechanik heißt:

$$\text{Kraft} = \text{Masse} \times \text{Beschleunigung}$$

Die Masse ist jene Naturkonstante, welche der Kraft gleichgesetzt werden kann, weil sie deren „Gegen-Stand" bildet, an dem deutlich wird, zu was sie in Raum und Zeit der Zahl nach „im Stande" ist. Durch diese Auf-Gleich-Setzung von Stand und Gegenstand – bzw. Kraft und Massenwiderstand – gilt die Gleichung.

In der Beschleunigung sind die Elemente dessen enthalten, was in diesem Dauer-bestand die Wandlung anzeigt: Das Variable:

1) im Raum: Der Weg
2) in der Zeit: Die Bewegungs-Geschwindigkeit
3) in der Zeit: Die Geschwindigkeitszunahme – die Beschleunigung.
4) in der Zahl: Die determinierten Maße von der Zeit – Sekunden das dimensionierte Maß vom Raum – Zentimeter

---

[72] **Schrödinger, Erwin**: Was ist ein Naturgesetz? Beiträge zum naturwissenschaftlichen Weltbild; Scientia Nova, Oldenbourg, ISBN 978-3-486-71658-0

Das war die Überlegung Galileis und Newtons. In der Theorie klar durchdacht, von einfacher und zwingender Logik, wie jene großen, entscheidenden Entwürfe, die „klassisch" genannt werden. Aber in der Praxis stellte sich bei eingehender Prüfung heraus, dass es irgendwo mit der letzten Genauigkeit nicht stimmt. Aber – wo?! Das war die große Frage.

Es lag zunächst nahe, an der Gleichsetzung von Kraft und Masse zu zweifeln und Einstein erwies ja auch, dass keine starre Gleichheit, wohl aber doch eine Äquivalenz von Kraft und Masse von so absoluter Konstanz bestünde, dass für die Maße von Zeit und Raum eine Relativität angenommen werden müsse.

Man wehrt sich zwar gegen diesen Gedanken; doch hier konnte zur großen Überraschung aller Beteiligten Heisenberg nicht nur den Nachweis erbringen, dass er richtig sei, sondern auch warum: Nämlich weil der Akt des Messens – Maße, Masse und Kraft im Bereiche des zu Messenden notwendig verändern müsse, sodass sich mit zunehmender Messgenauigkeit notwendig auch eine Unbestimmtheitsrelation im Messbereich einstellen muss, deren mathematische Größenordnung im Raum-Zeitbereich der Zahl nach fassbar ist: Damit wird die Unbestimmtheit mathematisch – bestimmbar.

Von diesem Gedanken geht nun Schrödinger im 4. Kapitel aus, um zu sehen, was von den physikalischen Teilchen objektiv noch übrigbleibt:

> „Bei der, wie wir sagten, notwendigen Abänderung des Teilchenbegriffs
> liegt das Hauptgewicht auf der Heisenberg'schen Unbestimmtheitsrelation.
> Die jetzt sogenannte klassische Mechanik .... etc. ...."

Und mit dem nun folgenden Satz ist das ganze Problem genau in die entscheidende Stelle herangebracht worden, wo es hingehört und wo es bisher kein anderer gesehen hatte: Die Teilchenfrage ist eine Frage nach dem Prinzip Zeit.

Und diese Zeit hat nun in jener klassischen Formel von *Kraft = Masse × Beschleunigung* jene zwei Differentialquotienten; das heißt sie „ist" nicht nur dem Zeit-Wort-Sinn nach als „Sein und Geschehen, oder „Werden und Haben" so wie wir das bereits dargelegt haben – sondern auch mathematisch formal nicht „einfach Zeit, sondern – ein Zeit-Quadrat:

Kraft = Masse × Weg × 1 / Zeit × Zeit

Und damit wird plötzlich auch das Problem klar, das der Physiker grundsätzlich nicht lösen kann, solange er einer bleibt. Und das tut er, solange er zentral mit der Gegenständlichkeit der Physis und ihrem Kraft-Prinzip beschäftigt bleibt, die in ihrer letzten konkret und abstrakt begriffenen Form eben – ein Teilchen ist – ein Teilchen gegenständlicher Natur, soweit es solche nachweislich gibt (= als Sinneswahrnehmung gegeben und im Verstand begrifflich fassbar).

Eine Analyse dieser Gegenständlichkeit ist freilich möglich; doch führt sie notwendiger Weise im Weiteren zu einer Lyse der Physik, die sich dann – in Wohlgefallen auflöst – in leere Redensarten oder in andere Auflösungserscheinungen.

Doch welcher vernünftige Mensch sollte an einer solchen Auflösung der Physik interessiert sein? – Das eben ist es, was Schrödinger in seiner ganzen Frage immer wieder anklingen lässt. Und so verstanden enthält dieser Satz auch den klaren Hinweis auf die wahre Lösung, welche nur über eine Loslösung vom Boden der Physik erreichbar ist, sobald der Mensch mit seinem Verstand auf einem anderen Grund und Boden Fuß fasst: Durch ein Gründen und Begründen im biologischen Fundament des Zeitlebens.

Kraft = Masse × Weg / Zeit × Zeit

Es gibt 2 Differentialquotienten der Zeit – auch in einer Physik, welche von der Zeit nur den einen Aspekt des determinierten Chronos erkennt und anerkennt. Indessen enthalten eben diese Erkenntnis und Anerkenntnis auch den entscheidenden Denkfehler: Es ist nicht einerlei Zeit, sondern zweierlei Zeit:

1) Der determinierte Chronos in den 1. Differentialquotienten der Geschwindigkeit, der als die spezifisch physikalische Zeit darum auch in den Lagekoordinaten des Zahl-Raum-Zeit-Systems jener Physis aufgenommen werden muss, soweit diese ein System aller Maße ist und als Komplex Masse oder Materie heißt.

2) Der terminierte Kairos in den 2. Differentialquotienten der Beschleunigung, welche jenen merkwürdigen Geschwindigkeitszuwachs ausdrücken, der vor allem in der gleichförmigen Kreisbewegung und damit auch in der Sinus-Schwingung oder Welle deutlich wird.

Und dies ist auch der maßgebende Unterschied von entscheidender Bedeutung: Der Unterschied von Chronos und Kairos, der ein fundamentaler, ein Unterschied, zweier Fundamente ist, nämlich ein solcher von determiniertem Zahl-Raum-Zeit-Sinn-Zusammenhang – Materie und terminierter Zeitkreis, der als Kairos ein terminologisch qualifizierter Zeit-Raum im Sinne des Wortes ist, in welchem der Geist unserer deutschen Sprache ihn mitteilt als das Grundgesetz des Lebens mit seiner Gezeiten-Schichtung von Aszendenz und Deszendenz? mit dem jene vom Ursprung an sphärische Zeitlinie des Lebens auf dem Wege seiner Geschichte zum Telos ausgesprochen ist als das Prinzip der Welle.

Biorhythmus – Sphäre – Welle

Die 2. Differentialquotienten der Zeit im Sinne physikalischer Beschleunigung – die Teilchen als Oberflächen ebenso wie als Bahn-Sphären – dies alles ist im Prinzip eines: Die Zeit- Welle des Lebens, mit ihrem ewigen Ursprung im Reiche des lebendigen Geistes und ihrer zeitlichen Geschichte im Bereiche der physischen Materie, als *das Naturgesetz der Terminierung alles Determinierten*.

In wie vielen Büchern habe ich nach diesem einen Lebens-Zeichen des realistischen Menschenverstandes gesucht! Denn ich hatte diese Wahrheit in allen erdenklichen Perspektiven so klar durchdacht, dass ich in ihr die gegebene Lösung der wissenschaftlichen Frage erkannte, die in dieser Zeit die Lebens-Frage der Wissenschaft ist; doch mir fehlte eben der entscheidende Ansatz zur mathematischen Formulierung.

Die Physiker waren ihm auf der Spur und mussten ihn bereits gefunden haben; auch das war mir klar; doch ich wusste auch, was sie daran hindern musste, zum Ziel zu kommen: Ihre Verhaftung an der Vorstellung sphärischer Materieteilchen, die einen nachweisbaren Denkfehler in der analytischen Logik enthalten mussten, weil sie den Verstand immer wieder zu irren Synthesen verführten, wie sie Schrödinger ja der Reihe nach aufzählt; angefangen von dem simplen Trugschluss, Materie sei so ungefähr dasselbe wie Gegenständlichkeit – also greifbarer und begreiflicher Stoff – bis zu der tollen Luftakrobatik im luftleeren Raum mit Kopfstand am Reserve-Seil der 17. Dimension und Fußballspiel mit den restlichen 16.

Mir fehlt entschieden Lust und Sachkenntnis, um darüber zu urteilen, mit welcher Schärfe- oder Unschärferelation sich hier eine Grenze zwischen Artistik und – Unart-istik abzeichnet und ich leugne keineswegs, dass sich so vieles ausdenken und ausrechnen lässt, dass vielleicht nur eine einzige Unmöglichkeit übrig bleibt: – Die Unmöglichkeit ihrer selbst. Nur von der einen Überzeugung lasse ich mich nicht abbringen: Diese Artistik ist es nicht, nach der Gott die Welt gemacht hat, denn seine wahre Art ist die schlichte, selbstverständliche Lebensart jener ursprünglichen und natürlichen Menschlichkeit, deren Weise wir Weisheit nennen. Sie besteht in dem Einfach-Naheliegenden, das wir immer erst zuletzt finden, weil wir es auf den vielen Wegen in die Ferne hinaus suchen gehen. – Und das war etwas, was Schrödinger gleichfalls gewusst hat. Nicht nur das allein; seine Gedanken hatten etwas von jener wahren Lebensart des Einfach-Richtigen. Er hatte vielleicht nur das eine Verhängnis, wirklich jener große Mann zu werden, der ich bloß werden wollte, als ich noch klein war. Denn als Physiker, der am Nobel-Preis zu tragen hat, kommt man in jenen Autoren-Pferch, welcher bei der Allgemeinheit der Nonsensationisten die Gladiatorenarena der geistigen Schwerathleten ist und wird mit einem Brandmal abgestempelt, auf dem die Phrasen vorgeschrieben sind, die man nachzusagen hat – oder man hat eben nichts zu sagen. – Man muss mit einer guten „Zeitlupe" suchen, um zu erfahren, was Schrödinger als Physiker aus der Schule plaudert, denn die wirklich entscheidenden Fragen hat er im Bereiche der Biologie und der Geistes-Wissenschaft gesucht, die bis auf Schopenhauer „Philosophie" hieß. Für einen wirklich großen Mann ist es vielleicht das allerschwerste, den großen Mann im Kasperltheater der Kleinen zu spielen. Er wusste Bescheid über die illusionären Dimensionen dieser Kulissenwelt und er musste, wenn er das Wort ergriff, aus seiner wahren Verantwortung auch darüber Bescheid sagen. Das ist eine Lage aufgezwungener Bescheidenheit; denn mochte sein Publikum eine noch so erlesene Bildungselite sein, die Leute, zu denen er sprach, waren und blieben immerhin bloß Zeitgenossen.

Wer diese Zeilen einmal lesen mag, möge sich fragen ob sie unter einer derartigen Hemmung je hätten geschrieben werden können. Wenn es für mich darauf ankäme, meinen Zeitgenossen die Wahrheit zu sagen, müsste ich verzweifeln: – Das konnte nicht einmal Gott in eigener Person auf dieser Welt! Nicht einmal denen, die seine Jünger waren und ihn als Gottessohn erkannten! Denn die Wahrheit erfuhren sie erst nach seinem Tode durch seine Auferstehung und Himmelfahrt. Der Mensch, welcher mehr verlangt, hat zu wenig Verstand, um auch nur das zu erreichen, was Gott ihm bietet. Als ich zu dieser Einsicht kam, war ich groß genug, um kein „großer Mann" mehr werden zu wollen, denn als kleiner Mann hatte ich Aussicht, wenigstens die volle Wahrheit mit lebendigem Bewusstsein zu fassen, die Gott mir persönlich geboten hat; und wem immer sie sonst noch als Botschaft dienen mag. Seither habe ich mehr erfahren, als ich je niederschreiben könnte; und das Wenige, was ich davon in halbwegs mitteilsame Ordnung bringen kann, dürfte so viel von dem über den Haufen werfen, was meine Zeitgenossen für die Ordnung halten, dass ja doch die wenigsten von ihnen noch Zeit hätten, Teilhaber einer anderen Ordnung zu werden, die genießbar wäre. – So schreibe ich denn für Menschen, die genügend Zeit dazu haben, eine neue Ordnung zu erleben; wie sie von Dem gegeben wird, der alles neu macht.

Erwin Schrödinger ist am 12.08.1887 in Wien geboren und am 01.04.1961 dort gestorben. Die Arbeit „Über die „Teilchen" ist 1952 geschrieben. Der hier zitierte Satz mit dem Hinweis auf den Unterschied zwischen 1. und 2. Differentialquotienten der Zeit bietet den mathematischen Ansatz zu der einzig möglichen Lösung des Teilchen-Problems. Diese Lösung konnte weder im Rahmen der klassischen noch in der aus dem Rahmen gefallenen modernen Physik überhaupt gesehen werden, da es eine solche nur gibt durch die Unterscheidung von determiniertem Chronos und terminiertem Kairos.

Mathematisch ist dies genau der Unterschied zwischen den 1. und 2. Differentialquotienten der Zeit und auf diesen läuft auch jene in der Physik heute gängige Unterscheidung zwischen Determinierung und Indeterminiertheit hinaus, wenn man an Stelle dieser Jargon-Phrase den logischen Terminus der Terminiertheit oder Befristung im Sinn einer kairologischen Gezeitenregel setzte. Doch dazu bestand eben in einer Physik der toten Materie kein Anlass; es sei denn, man nimmt auch die tote Materie bloß als eine Fach-Phrase von anno Dazumal und entschließt sich dazu, die Lebenszeiten der radioaktiven Elemente dieser Materie ebenso ernst zu nehmen, wie das Wort, welches hierüber deutsch und deutlich Bescheid sagte.

Das hat allerdings grundlegende und folgenschwere Bedeutung für die gesamte abendländische Erkenntnis und ihren geistesgeschichtlichen Weg, welcher damit den Wendepunkt erreicht hat, an dem die entscheidende Einsicht in das Reich der Wahrheit und des Lebens frei gegeben ist, mit den beiden Fundamenten des Lebens und des Geistes.

Denn hier wird jener lebendige Realismus plötzlich offenbar, der mit Jesus Christus den Boden dieser Erde betreten hat und es zeigt sich der volle Ernst seines Wortes und seiner Verantwortung. Und damit ist klar, dass man aus seiner Wahrheit keine Religionsstunde für die Schüler der unteren Klassen, keine Volksreligion, keine Konfessionen, Sekten und überhaupt gar nichts machen kann, weil eben mit diesem Wort selbst schon alles gemacht ist. Mit diesem Wort ist alles gesagt und getan. Das Einzige, was dem Menschen übrig bleibt, ist: Es zur Kenntnis zu nehmen und daran seine Erkenntnis zu bilden.

Und dies ist genau der Punkt, an dem auch der „reiche, fromme, aber leider geistig unreife Jüngling" umkehren muss, der einen großen Haufen anerkannter Scheinwerte erworben hat, die mir den neuen Grundlagen außer Kurs geraten müssen. So ist es z.B. mit dem ganzen Materialismus: Er hat plötzlich in einer Weise recht, die in den letzten Jahrhunderten nur ganz wenige Menschen auch richtig gesehen haben; aber so weit der Materialismus recht bekommen hat, hat er das allein aus der Wahrheit des Wortes, das die Materie im Sinne ihrer Lebenswahrheit ausgesprochen ist als eine „*mater rerum*" [lat. *Mutter von Sachen*].

Diese Wahrheit hatte die Menschheit nicht begriffen, weil sie Materie und Kausalität im Sinne toter Gegenständlichkeit und als den letzten Grund aller Begründung hingestellt hatte und voreilig alles das darauf aufbaute, was heute als kulturelle Leistung anerkannt werden soll – und nun leider nicht als das Wahre ernannt werden kann. Alle Verfechter dieses Irrtums und seiner Scheinleistung können nur das gleiche selbstmörderische Gefecht liefern, welches ihnen die Juden anno 70 bei der Zerstörung Jerusalems als das große geschichtliche Beispiel geliefert haben. Es wird sich in den Geburtswehen der Geistesgeschichte so lange wiederholen müssen, als diese Menschheit nicht ihre volle lebensfähige Wahrheit geboren hat: – Des Menschen Sohn.

Dem Judentum war sie gegeben worden; aber nur wenige Juden hatten sie in Empfang genommen[73]. Pharisäer und Schriftgelehrte – die wissenschaftlich

---

[73] Das ist die Perspektive des Autors auf die Geschichte von einem christlich geprägten Standpunkt aus. Klar ist, dass dies von anderen Perspektivenpunkten – selbst anderen christlichen Blickwinkeln - anders aussehen mag und dann nicht gut geteilt werden kann. Davon sollte man sich nicht irritieren lassen, denn die zentrale Frage liegt in den angesprochenen Prinzipien und nicht in geschichtlichen Richtigkeiten. Ziel des Autors war es also nicht, historisch im Konsens zu sein, wenn es ihn überhaupt gibt, oder dem möglichen Konsens zu widersprechen. Es handelte sich auch nicht um den Ausdruck von

geschulte Elite kulturell Gebildeter in dieser Zeit – waren dagegen. Die Gelehrten von heute werden auch dagegen sein.

Aber kein Autor und keine Autorität dieser Welt wird die totale Zerstörung jener Schulbildung und ihrer seltsamen kulturellen und kultischen Gebilde überleben, die bis heute als anerkannte Werte ihre Geltung haben und als „die Wahrheiten" hingestellt werden möchten. Dass es sich hierbei in der Tat um bloße Sprüche und Ansprüche handelt, die gegen das Wort durchgesetzt werden sollen, welches aus der lebendigen Wahrheit des Heiligen Geistes allein seine Geltung hat, beweist der ungeheuerliche Aufwand an brutalen Gewaltmitteln, der sich als notwendig erweist, um auch nur einen solchen Versuch geltend zu machen und über wenige Jahre aufrecht zu halten. Es wäre jedoch schon nahezu unfair, darauf hinzuweisen, dass es lediglich eine Frage der Zeit ist, ob die Versucher sein Scheitern noch erleben oder schon vorher sterben. Das Gewaltmittel, um gegen die Wahrheit des Geistes durchzukommen und bleibende Geltung zu ertrotzen, gibt es nicht und wird auch nie erfunden werden. Die Menschheit kann nur werden, was sie ihrem geschichtlichem Keim nach ist und das wird sie als Bildung und Besitz für alle Dauer haben; – oder sie ist nicht, treibt Scheinblüten und driftet in ihren Untergang hinein.

Das ist die Wahrheit, die für alles Lebendige gilt: Angefangen bei den Hauptzeitworten *haben*, *sein* und *werden*, über den ganzen Kairos des Zeitauslebens aller Lebewesen, der sich in jedem Augenblick für Tiere, Pflanzen, Mikroben, Protite oder Bio-Moleküle und schließlich auch für Elektronenbahn und Teilchen-Sphäre als die Lebens-Wahrheit erweist. Von der Oberfläche der Erde und aller irdischen Gegenständlichkeit im Raum des Himmels ist alles als Zeitkreis und Gezeitensphäre ausgesprochen; bis auf das Ziel im Menschen und seiner Geistesgeschichte, die mit dem Geist des Wortes „Am Anfang schuf Gott Himmel und Erde" ihren Ausgang genommen hat und mit dem Menschensohn ausgegangen ist, der ganzen Schöpfung Eingang zu schaffen.

Im Ursprung liegt aller Geschichte Ziel; ihr Eingang ist auch der Ausgang. Alles andere erweist nur sich selbst als Illusion. – Eine tote Materie ist nur so lange für lebensfähig zu halten, als die Vertreter solcher Widersprüche nicht wissen, was

---

Ressentiments oder den Wunsch auf ideologische Gradwanderungen. Der Forscher hatte nur den Gipfel vor Augen, den man durchaus von verschiedenen Seiten besteigen kann. Möge das mit leichtem Gepäck gelingen. – Anmerkung des Herausgebers

sie reden. – Da jedes Wort auch seinen Sinn hat, ist es zwar kein Zufall, dass sich bei solchem Geschwätz auch hie und da etwas zusammenreimt, was einen denkbaren Sinn ergibt; aber der große Haufen Unsinn, der dabei abfällt, bleibt eben auch, was er ist: – Ein Abfallhaufen neben einem Haufen Abgefallener, die daran hängen bleiben und ein Scheinleben aus dem Aberglauben fristen; die Anbetung einer von der Allgemeinheit anerkannten Schar Götzendiener müssen eben so großer Ergötzlichkeit dienen.

Eine De-Termination bleibt nur so lange ein letztes Weltfundament, als man ein von Begriffskomplizen in allen Tonarten aufgeführtes Leierkasten-Lamento für den letzten Sinn dieses Wortes hinnimmt. Es gibt aber auch eine andere Möglichkeit: Man kann sich erst vom Geist des Wortes „De-Terminierung" seinen Sinn erzählen lassen und als Zweites damit jenen Unsinn vergleichen, dem die Allgemeinheit hörig geworden ist. Dann wird man hellhörig für alles, was in Wahrheit letzte Währung ist und aus letztem Grunde seine Geltung hat.

Denn dann hört man auch ohne weiteres, dass es außer einer Determinierung (nämlich über sie hinaus) noch eine Terminierung, eine Terminregelung und eine Terminologie, eine Sinnkunde und Sinnverkündung aller Gezeiten aus dem Sinn des Wortes und dem Logos seines Heiligen Geistes geben müsse; und damit hört man dann endlich auf zum Wort und kann sich von ihm sagen lassen, was die Geräuschkulissen-Schieber und die Suchtphrasen-Dealer dieser Welt nicht zu Wort kommen lassen dürfen, weil das die Kulissen ihrer Theater-, Traum- und Geschäftswelt umblasen würde – womit sich erweisen müsste, was das alles wirklich ist: – Die Halbwelt der Halbstarken und Halbebildeten, aus der nichts Halbes und nichts Ganzes werden kann sondern im Ganzen nur – Nichts.

Solange man die Ursachenründe für die letzten logischen Fundamente aller Begründung ansieht, hat man sich im gleichen Satz schon die Urkunde seiner falschen Ansicht ausgestellt und das Dokument seiner eigenen Unlogik geliefert, weil es logische Fundamente nur im Sinne eines Logos gibt und mit ihm die gegebenen Urteilsgrundlagen angesprochen werden, die aus dem Geiste des Wortes als die ersten und die letzten ausgesprochen sind.

Alles in allem laufen wahre Einsichten auf eine Ansicht hinaus, die den Vertretern ihrer eigenen Gedankenlosigkeit keinen Halt mehr bietet, sondern nur noch jenen echten Ernst des Geistes zu Wort kommen lässt, dessen Schöpferkraft den Menschen geschaffen hat; und dies Wort ist des Menschen Sohn – seine wahre Geistesfrucht und jener Genius des Heils, den das deutsche Wort „Heiland" nennt.

Es ist vollkommen klar, dass auch jene frommen Phrasenhausierer nicht mehr ins Geschäft kommen, die im Dienste der kindischen Glaubensmeinung über die Erde pilgern, die besagt, dass der Himmel für „Bekehrungen" in Seligkeitsprämien bezahle. Der Himmel kümmert sich nicht um die Bekehrungen, die getätigt und die Sprüche, die gemacht werden, sondern allein um das Wort, das zur Rechten der Kraft sitzt, in den Wolken des Himmels; und an jene, die es sehen und einsehen; die auf-hören zu ihm, um aus seinem Geiste sind. Dem Himmel ist es einerlei, ob jemand an die Wissenschaft oder an den Glauben glaubt – an den Klapperstorch, an den Weihnachtsmann, an den Papst, an die Kirche, an die Astrologie, an den Teufel, an irgendein Dogma, an die Magie, an das Leben, oder an irgendetwas. Denn der Glaube an jedes Etwas ist ein Aberglaube, weil jedes Was, das der Mensch sich einbilden und einreden lässt, keine Lebens-Über-Zeugungskraft und damit keinen wahren und lebendigen Glauben erwecken kann, sondern bloß das Wenn und Aber eines solchen Glaubens; – einen zweifelhaften Krampf, der bloß in suggestiven Vorstellungen befangen bleibt und niemals frei wird, um Stellung zu nehmen und sich ein wahres Urteil bilden zu können aus dem Wort, das Antwort gibt und die Kraft, Verantwortung zu tragen. Wenn der Mensch glauben kann, so nur an jemand, der seinesgleichen ist und das nicht in Irgendetwas, sondern in Ein- und Allem.

Das ist Ein- und Alles. Ob das der Mensch in einem Wort der Bibel findet oder im All von Himmel und Erde, ist – Eines. – Findet er den Einen nicht, so ist er mit all seiner Kunst und Wissenschaft nichts.

Wessen Bewusstsein in der Alleinigkeit ruht, der braucht wohl weder Frömmigkeit noch Religion, denn Gott ist mit ihm und in ihm und spricht aus ihm jederzeit. – Der Etwas-Gläubige aber ist mit jeder Frömmigkeit und in jeder Religion allein gelassen und verloren. Keine noch so christliche Religion kann und wird ihm sagen, dass er bei ihr den Anschluss an den lebenswahren Christus verpasst und da etwas für einen Bahnhof hält, was ihm zwar vieles bieten mag, was er gern möchte, bis eben auf eines: Die wahre Verbindung.

Der eine wird wohl fahren, ohne überhaupt „in Fahrt zu geraten"; der andere verkehrt immerzu verkehrt und kommt – wie stark immer da Fahrtwind gemacht wird – am falschen Bahnhof an.

44.) Der Lebendige, die Lebenszeit und der Zeitraum

Aufgabe dieses Buches ist die Aufdeckung der biologischen Fundamente zur Begründung einer künftigen geistesgesunden Lebenswissenschaft. Dabei muss naturgemäß klar werden, dass dies nur in Zusammenhang mit einer lebendigen Geisteswissenschaft möglich ist. Ebenso klar kommt hierbei an den Tag, was die in „eiserner Fachdisziplin" angekettete Traditionsbelegschaft nur übelnehmen kann und was heute den einzigen Punkt bilden dürfte, in dem sich die Vertreter des sogenannten „Wissens" voll und ganz einig sein werden mit denen, die ähnlicher Weise im Glauben an der gleichen Stelle treten.

Da es heute zum guten Ton gehört, zur Diskussion anregen zu wollen, muss ich betonen, dass mir das hier so fern liegt als nur möglich. Alles, was heute bekannt und anerkannt ist, mag es bleiben, solange es kann; und was daran wahr und lebendig ist, wird auch weiterhin bestehen. Dass die Götzen sehr groß sind, die in kurzer Zeit von ihren Postamenten stürzen werden und die lebendigen Keime dagegen sehr klein, das entspricht vollkommen den Lebenserfahrungen, die sich in Natur- und Kulturgeschichte sammeln lassen. Dass hiervon die Rede ist, lässt sich nicht vermeiden; das alles ist zu eng mit dem Thema aber auch mit der augenblicklichen Lage verknüpft, aus der ich zum Thema sprechen muss. Aber die Lage lässt sich nicht ändern, indem man mit den vielen Sterbenden die Gründe ihrer Lebensunfähigkeit bespricht; eine Lagebesprechung hat nur für die wenigen Lebenden einen Sinn und das auch nur insofern, als sie ein offenes Wort vertragen.

Es liegt an der Trefflichkeit des Wortes, dass es einen Jeglichen nur als Denjenigen antrifft, der er ist: – Die Lebenden trifft es lebendig; die zum Tode verurteilten werden sich „tödlich getroffen" fühlen.

Zu einer Antwort sind nur die Lebenden fähig, aus dem Wort des Lebendigen; die Sterbenden reagieren höchstens mit Schreien und Umsichschlagen, oder mit dem bekannten Todschweigen, das dem Wort die Antwort schuldig bleibt. Jene „letzten Schreie" und „Schlager" der Menschheit sind die Mode von heute, füllen die Schlagzeilen und dienen einem heuchelnden und manipulativen Gelichter, um die „Meinung so zu lenken, dass die nötige „Ablenkung" von eben jenen Meinungsdiktatoren garantiert ist, die sich alles aus dem Handgelenk schütteln, was für die *Unter*haltung sorgt, mit welcher sie sich oben halten. Und das Unterhaltende ist nur das, was alles kurz und klein schlägt und nichts anders aufkommen lässt. Es sind die Strolche des Stichworts die aus der Weltordnung jene Welt-Wirtschaft anrichten, welche aus Menschen das Gericht für Aas- und Pleitegeier zubereitet.

Man sollte darauf achten, dass der Fortschritt den Menschen nicht von seiner Menschlichkeit fortführt, bis zum letzten Schritt in die Endkatastrophe des totalen Untergangs, der ein totaler Tod aller ist.

Dass ein solcher „Fortschritt" so surreal ist, wie das ganze unwirkliche und makabre Treiben, mit seinem gespenstischen Aufwand an erheuchelter Lebendigkeit, wehleidiger Leidenschaftlichkeit und jener geistlosen Begeisterung, welche bloß üble Besessenheit ist, bzw. – medizinisch gesprochen – Erkrankung der geistigen und seelischen Schichten des lebendigen Menschen, die man in der Laiensprache unter dem Begriff „Irr-Sinn" zusammenfasst; – das ergibt sich als eine nüchterne Tatbestands- Aufnahme. Es hätte keinen Sinn, in der Gesinnung der Vielen böswillige Kritik, eitle Streit-Sucht oder irgend eines jener Motive zu vermuten, die bloß innerhalb jener Befangenheit und Wahnvorstellungen Gültigkeit besitzen können. Außerhalb dieses Rahmens ergibt sich nämlich für den Betrachter ein Bild von solcher Tragik, dass es für ihn selbst zur lebendigen Tragödie werden muss, wie sie schlicht in vollendeter Einfachheit Jesus selbst mit den Worten ausgesprochen hat:

„Meine Seele ist betrübt bis in den Tod" (Markus 11, 54)

Und das Wort *Tragik* deutet eben auf jenes echte Leid, welches die unechten Menschen in jenem großen Schuldverschiebe-Spiel immer nur vor sich – und damit aufeinander schieben. Durch die rasende Hetzjagd nach den illusionären Freuden ihrer Leidenschaften erzeugen sie bloß die unaufhaltsame Steigerung von Rausch und Betäubung; aber sie wollen nicht tragen und können und das alles dennoch ganz offensichtlich zur Schau tragen. Am Ende müssen sie das Ende notwendiger Weise in ganzer Schwere ertragen. Sie erzeugen sich durch das Laster die Last ihres eigenen Zusammenbruchs. Sie zeugen sich die Hölle und den Tod.

Das „Tragische besteht nun darin, dass jene sogenannten Freuden der Leidenschaften zwar insofern illusionär sind, als dass sie nicht halten, was sie versprechen, doch ihre Leiden sind jedoch real. Diese Tatsache hat bereits

Schopenhauer mit der ganzen, so paradox anmutenden Logik zur Sprache gebracht und seine *Ethik* darauf begründet. Das Grundsätzliche lässt sich mit wenigen Worten sagen:

Ein echtes Mit-Leben mit jenen Leuten, die wir Mitmenschen nennen, ist die große und lebendige Lebenswahrheit eines Menschen und auf dieser beruht eben seine ganze Größe, oder sein Heil. Sie ist keineswegs ein zu verwirklichendes Ideal von weltfremden Idealisten, sondern jene gegebene Wahrheit, auf Grund deren jede Art von Kunst oder auch Kitsch überhaupt lebensfähig ist. Ohne jene lebendige Anteilnahme des Mit-Lebens und Mit-Erlebens wäre jede Kinoaufführung nur das, was sie ihrer eigenen Tatsächlichkeit nach ist: Ein Filmstreifen, der bei bestimmter Durchleuchtung bewegte, manchmal farbige Licht- und Schattenflecke an eine Wand wirft. Aber diese Wirklichkeit ist für den Zuschauer eben weit mehr, weil er sie als Lebenswirklichkeit – das heißt als Geschichte – zu erleben fähig ist.

Doch die nötige Voraussetzung, dass diese große Wahrheit der empathischen und fürsorglichen Lebensführung des Menschen – die seine Lebenswahrheit und Bestimmtheit ist – auch seine reine Freude sein und werden kann – jene Wahrheit von der reinen Lebensfreude des Menschen – bleibt ein theoretisches Ideal; denn die Wirklichkeit des mitmenschlichen Zusammenlebens repräsentiert sich ihrer ganzen Realität nach immer nur als ein – Leidensweg.[74]

Und hier kommt eben jene Tragik zur Geltung, der nur die Tragkraft starker Naturen gewachsen ist; und die tragfähig vor allem aus jener Geisteskraft sind, die wir die Kraft nennen, Verantwortung zu tragen. Sie ist auf Deutsch die Fähigkeit, das Wort zu hören, das zur Tagesordnung ruft und ihm Antwort zu geben sowie dem Wort die Treue zu halten, zu seiner Wahrheit zu stehen und sich in der gegebenen Antwort zu bewähren; wahrhaftig bestehen zu bleiben[75]: – Die Kraft, es zu verant-*worten*. Diese Kraft ist die geistige Lebenskraft des Lebendigen bzw. die Geisteskraft des Wortes.

Ein freies Leben mit Menschen von wahrhaftiger Lebendigkeit wäre – die wahre

---

[74] Der Herausgeber möchte dem aus ganzem Herzen widersprechen – was ihm leider auf Grund der schwierigen empirischen Lage noch nicht möglich ist. – Anmerkung des Herausgebers

[75] Was an die Worte erinnert: *Hier stehe ich und kann nicht anders.*

Lebensfreude. Doch das Leben unter Mitmenschen kann auch ein anderes Gesicht haben: Ein lebendiger Mensch unter Mitmenschen, die alle zur Sklaverei bis zum Tode verurteilt sind. Ein Solcher bemüht sich dann, den einen oder den anderen zu retten; manchmal vielleicht sogar eine kleine Gemeinde, ein Volk, eine Nation oder eine Menschheit. Aber was er da bei solchen Aktionen im Kleinen oder im Großen erlebt, trägt immer den gleichen Stempel von Tragik: Die beteiligten Mitmenschen bleiben für seine Taten oder Werke ohne wahres Verständnis und wissen ihm bloß eine Antwort des Missverständnisses zu geben.[76]

Denn für Mitmenschen solcher Art bleibt dieser Eine eben ein aus ihrem Rahmen gefallener Außenseiter – ein befremdlicher Fremder, welcher nicht zur Gemeinde der Beschränkten gehören will und auf der Galeere der Befangenen eigentlich auch nichts zu suchen haben sollte. Da in der Flotte dieser Lebensschiffe immer Verschwörungen, Aufstände und Befreiungen im Gange sind, ist der Ausgefallene auch immer der Erste, der im gegebenem Falle – den die Sklaven dann für den großen Ernstfall halten – über Bord geschmissen wird und somit mit seinen Bestrebungen ins Wasser fällt. – Nicht immer hat die Meute der potenziellen Meuterer das Glück, auch losgelassen zu sein, um zu tun, was sie will; und so versteckt sich ihre wahre Gesinnung meist hinter einem Phrasengestammel von Loyalitätsbekenntnissen und Harmlosigkeits-Kundgebungen; aber es ist für einen Menschen, der aus dem wahren Sinn des Wortes denkt und lebt, ganz unmöglich, sich durch diese simplen Masken täuschen zu lassen; auch wenn er es noch so gern möchte. Zum Charakter jener Gesinnungslumpen gehört ein zu unmenschlich komplizierter Aufwand an Heuchelei – ein Klappern, Scheppern und Keuchen, das man wie Kettengerassel bei jeder Bewegung heraushört und eben den Sklaven verrät, der Bravour braucht, um den freien Mann spielen zu können. – Er wird im Augenblick wahrer Freiheit jener wahre Ver-Sager sein, der auf das Wort keine Antwort weiß. Sein Verstummen wird seine Verstümmelung verraten und den Verräter des Menschen offenbaren, der dem Wort die Antwort schuldig bleibt und dessen Schuld die Verantwortungslosigkeit ist, mit der er sich vergeblich darauf berufen wird, dass er ja nichts gesagt und nichts getan hätte – oder so viel Gutes gesagt

---

[76] Ganz zu schweigen von diversen unliebsamen systemischen Effekten und Phänomenen.

und getan habe, für welches er die Pflicht habe, Lohn und Lob einkassieren zu gehen, weil ansonsten seine Lebensbuchführung nicht stimme.

So hat auch alles, was ich hier zu diesem Thema sage, für die Leute dieses beschränkten Rahmens nichts mit dem zu tun, was sie unter *Biologie* verstehen und unter diesem Begriff zur Lebenswissenschaft machen wollen. Es ist das hier Angebotene in ihren Augen bloß Außenseiterei und Ausgefallenheit; und soweit dies Wort recht hat, haben sie natürlich auch damit recht.

Soweit sie aus ihrer Lumpengesinnung die abfällige Meinung vertreten, dass der Geist im Leben totzuschweigen oder totzuschlagen sei und der lebendige Sinn des Wortes in der Biologie nichts zu sagen habe, haben sie sich selbst das Wort des Urteils abgesprochen und ihr Recht abgetreten, zu Wort zu kommen. Es bleibt ihnen also bloß die Möglichkeit in Widersprüchen nichtssagendes Zeug daherzuschwätzen und die Anmaßung kopfloser Behauptungen mit dem Geschrei ihrer Stimmenmehrheit durchzusetzen. Das tun sie dann auch und damit müssen sie notwendig immer wieder scheitern. Es ist stets nur eine Frage der Zeit. Und da dies grundsätzlich immer so ist, wenn der Mensch sich dem Wort gegenüber in Frage stellt, ist sie nicht nur eine, sondern es ist „die" Frage der Zeit! Und zwar die Frage des Menschen in seiner lebenszeitlichen Frag-Würdigkeit gegenüber dem Geist des Wortes.

Dass der Mensch darüber streiten kann, ist durch die Tatsache belegt, dass er es auch wirklich tut. Es kann also nicht meine Aufgabe sein, diese Tatsache abzustreiten oder auch nur als etwas irgendwie Strittiges hinzustellen. Es kann ebenso wenig Sinn haben, gegen diese Tatsache anzukämpfen, da sie ja als das Faktum eines Wider-Spruchs gegeben ist, der zu offensichtlich ein logischer Kurzschluss ist, als dass ihm mit logischen Argumenten beizukommen wäre. Es bleibt allein die Diagnose zu stellen: *Ein Denkfehler in Ermangelung an logischem Wahrheitssinn für den lebendigen Geist des Wortes.* Und darin liegt auch bereits die Prognose der Unheilbarkeit oder Heillosigkeit.[77]

---

[77] Der Herausgeber sieht die Bedeutung von gelingenden Sachdiskursen für eine vernetzte menschliche Intelligenz. Insofern hat er mit dem *Diskursrad* und der *Diskurspyramide* zwei Praxismodelle entwickelt. Denn der Mensch hat im Miteinander mehr Fähigkeiten als alleine, wenn es um die Entwicklung von Verständnis mit Worten und Sprache geht. – Anmerkung des Herausgebers

Diese Heillosigkeit ist so offensichtlich, dass jeder Heilungsversuch von vornherein menschenunmöglich erscheinen muss und selbst nur als das Dokument der gleichen menschlichen Fragwürdigkeit und Unsinnigkeit hingestellt werden kann. Der unlogische, aber totale Widerspruch des Menschen gegen sein eigenes Wort ist unlogisch und doch offenkundig. Er ruft das Unheil grundsätzlich auf den Plan, und alles Übrige gilt ihm nur als eitler Vorwand, Aufwand, Anspruch, grundloses Vorurteil, falscher Schein, Lüge, Phrase, Selbstbetrug, Maske, Rausch, Verdrehung, Verstellung und Wahn-Vorstellung. Das lässt er aufmarschieren, um es mit einer anscheinend erdrückenden Wucht gegen die Wahrheit des Wortes ins Feld zu führen. – Die Offenkundigkeit eines solchen Irrsinns ist schon die Beschlossenheit seines Verderbens. An seine Heilbarkeit zu glauben oder dieser Möglichkeit auch nur eine geringe vernünftige Chance einzuräumen, hieße auch schon, diese Chance voll vertreten zu müssen, um so zu einem Schicksal verdammt zu sein. –

„Bei den Menschen ist's unmöglich; aber bei Gott ist alles möglich".

Doch um diese Wahrheit zu erkennen, genügt es nicht mehr, die Logik des Wortes ihrer Erkenntnis nach zu fassen, sondern dazu muss man schon die Geisteskraft des Wortes im Bewusst-Sein haben und von Neuem daraus werden – und eben das heißt Geboren-Werden zu jenem Kreis lebendigen Geschehens, in dem sich der Wandel der Geschichte vollzieht, nach der Dauer des vom Geiste gegebenen Gesetzes – oder „wiedergeboren werden aus Wasser und Geist".

Dies ist dann jene „Lebendigkeit" im Sinne des Wortes, welche der Lebendige ist, aus dem Ersten und Letzten. In diesem Sinne ist Leben und Geist der eine und gleiche Augenblick lebendiger Geistesgegenwart. Es ist eine synthetische Wahrheit von Anfang an, … – denn – analytisch sind Geist und Leben ebenso zweierlei, wie es ja auch zweierlei Worte hierfür gibt, die sich dem abstrakten Sinne nach ähnlich wie die Begriffe „Dauer und Wandlung" streng voneinander differenzieren lassen, um mit der gleichen Stringenz ihre Integration miteinander zu offenbaren.

Dauer und Wandlung bilden damit eine Art Differential zweier Sphären, die in ihrer Verbindung eine integre letzte Einheit sind. Wir können sie uns mechanisch funktionell genau nach dem Gleichnis und der Bewegung eines Differentialgetriebes beim Auto vorstellen; und wie das in Wirklichkeit funktioniert, ist etwas, das auch für geübte Denker nicht ganz so einfach ist. Das

Differentialgetriebe gehört technisch zu den genialen Erfindungen. Es ist die letzte Vollendung eines „Ausgleichgetriebes" einfachster Art. Zwischen diesem Wort und seinem technischen Gleichnis bilden jene von Erwin Schrödinger eruierten 1. und 2. Differentialquotienten der Zeit die Brücke.

Versuchen wir uns den Begriff aus seiner mathematischen Formelsprache ins Deutsche zu übersetzen: Ein mathematisches „Differential" wird gleichsam auch als eine „letzte eben noch differenzierbare integre Einheit" aufgefasst; man könnte auch sagen als das erste Teilungsmoment der Zahleneinheit, das eine fließende Integration ermöglicht und damit ist schon gesagt, dass es mathematisch hier auf eine ideale Darstellung aller Gesetze von „fließender Wandlung" ankommt, deren Fundament eben die Zeit ist, oder als elementares Gleichnis „die Wasser" sind.

Ein *Quotient* ist das gleiche wie ein „Nenner" oder ein „Teiler" – gegenüber dem „Zähler" oder jener Zahleinheit, welche durch eine genannte andere geteilt werden soll, die dann eben das Teilungsgesetz nennt.

Die Differentialquotienten der Zeit sind also jene „zweierlei Zeiten" welche den Nenner der Formel bilden

Kraft = Masse × Weg / Zeit × Zeit

Die Differentialrechnung hat auch die Differenz zwischen diesen beiden Zeiten herausgefunden, welche darin besteht, dass die 1. Zeit, die Geschwindigkeit bedeutet und die 2. Zeit – das Zeit-Quadrat (= Zeit × Zeit) – die Beschleunigung darstellt.

Indessen bezeugt die Notwendigkeit einer solchen Differenzierung des Zeit-Elements, dass in ihm selbst jenes fließende Element des Übergangs und damit der Wahrscheinlichkeit liegen muss; dem auch die Konstruktion des Differentialgetriebes auf technischem Wege gerecht werden möchte.

Und damit erweist sich jenes seltsame Zeit-Quadrat, das gleich ist mit dem Moment der Beschleunigung im Zeitkreis, auch plötzlich als dasjenige, was man die *Quadratur des Zirkels* genannt und als mathematisch unlösbares Problem angesehen hatte.

Wer die Natur der Frage erkannt hat, müsste nun auch die Antwort finden können. Denn eines ist nun einmal vollkommen klar: Alles, was zum Bereich der

Determination gehört, das hört auch auf die Formel:

Kraft = Masse × Weg / Zeit

Und alles, was zum Reich des Terminierten gehört, das hört auch bloß auf jenen 2. Differentialquotienten der Zeit oder auf das Zeit-Quadrat.

Schopenhauer wusste bereits vor 150 Jahren, dass die Materie eine geistige Sinnverbindung von Zeit und Raum ist; und die Physiker sind inzwischen daraufgekommen, dass diese Zeit-Raum-Zahl-Verbindlichkeit eben klassisch exakt durch die mathematische Formel ausgesprochen ist, welche das Zahlenteilungsverhältnis von *Raumdimension ÷ Zeiteinheit* als Produkt mit der *Masse* gleichsetzt der *Kraft*. – Im Sinnverhältnis dieser Einheiten von Zahl-Raum-Zeit liegt jene exakte Formalität vor, welche der wahre Geist der Materie ist: Das kausale Sinngesetz der Ursächlichkeit, welches genau im Sinne des Wortes insofern determiniert ist, als es „außer Termin gesetzt" ist vom eigentlich terminierenden Zeitfaktor, der für die Kairologie des Zeitauslebens und seine Terminregeln gilt.

Was Schopenhauer nicht wusste und sich auch die Physiker heute erst im vollen Umfang seiner Bedeutung bewusst machen müssen, ist die Tatsache, dass es einen mathematisch exakt fassbaren und in einer Berechnungsformel gesicherten Unterschied zwischen dem Zeit-Raum-Zahl-Sinn-Zusammenhang „Materie" und dem Zeitauslebenskreis des Bios gibt: Nämlich den Beschleunigungsfaktor der Zeit in der alten klassischen Formel der Mechanik, auf den Schrödinger hingewiesen hat, und der in der Grundlagenforschung der Kern-Physik als jenes physikalisch nicht mehr auflösbare Element der Teilchen-Sphäre übrigbleibt, mit dem sich die Physiker darum keinen Rat wissen, weil es das kairologische Grundelement der Fundamentalbiologie ist: Der Zeitkreis des Lehens, in dem wir jenen 2. Differentialquotienten der Zeit und jenen 2. und lediglich terminologischen Zeit-Raum-Zahl-Sinn-Zusammenhang zu sehen haben, der das Grund-Prinzip der Welle ist.

Das Erstaunliche an dieser Tatsache besteht lediglich darin, dass die Wellenlehre bisher als eine Disziplin der Physik aufgefasst worden war. In Folge dessen konnte und durfte die Biorhythmenlehre nicht recht haben, wenn sie in den Gezeiten der Lebensgeschichte das gleiche Termingesetz der Welle als das biologische Ursprungsprinzip nachwies.

Aber die mathematische Stringenz ist zu offenkundig; und so bleibt jede wissenschaftliche Biologie ausgeschlossen, solange man ihren grundlegenden Tatbestand zu leugnen oder zu ignorieren versucht. Das bedeutet dann, dass es keine wahre Lebenserkenntnis und kein lebendiges Denken geben kann und damit auch prinzipiell richtige Erkenntnisse in allen anderen Wissenschaften unmöglich sein müssen; – nicht etwa, weil sie unauffindbar wären, sondern weil es solcherart kein Urteil gibt, inwieweit gefundene Erkenntnisse überhaupt prinzipiell richtig sind. – Nur, die Mittel, um mit einer prinzipiellen Lebensblindheit auf die Dauer durchhalten zu können, hat noch keine Wissenschaft gefunden. Sie hat nicht mehr allzu viel Zeit, um danach zu suchen.

Literatur

Fritsch, Gabriel: Tanz der Quanten – Die Welt, der Geist und die Matrix der Schöpfung;
tredition 2017, ISBN: 978-3743970472

Römer, Hartman: Quanten, Komplementarität und Verschränkung in der Lebenswelt – Verallgemeinerte Quantentheorie;
LIT-Verlag 2023, ISBN: 978-3-643-15378-4

Schrödinger, Erwin: Was ist ein Naturgesetz? Beiträge zum naturwissenschaftlichen Weltbild;
Scientia Nova, Oldenbourg, ISBN 978-3-486-71658-0

Arnoul, Franz: Der Schlüssel des Lebens;
Edition Asklepios, ISDN 978-3-87667-196-3

Klein, Achim: Neues Handbuch der biblischen Prophetie;
BoD 2022, ISBN: 978-3755781684

Links

Prof. Dr. Günther Enderlein – Schöpfer einer neuen Bakterien- und Gesundheitslehre

http://www.windstosser-museum.info/museum/persoenlichkeiten/dr_enderlein/bakterien.html

https://www.brmi.online/gunther-enderlein

https://www.symbiopathic.com/blogs/enderlein/what-is-isopathic-homeopathy

Seite des Herausgebers: https://gfk-plus.net

Der moderne Verstand fühlt sich mit seinem technischen Rüstzeug so ungeheuer überlegen, dass ihm das einfache Wort nichts mehr zu sagen hat.

Hans Fritsch